Evelyn Summhammer

Nörgler, Besserwisser, Querulanten

Evelyn Summhammer

Nörgler Besserwisser Querulanten

Wie Sie schwierige Menschen zielsicher steuern

Bildrechte Autorenfoto: Evelyn Summhammer
Bildrechte Umschlag: Goldegg Verlag

Der Verlag und seine Autorin sind für Reaktionen, Hinweise oder Meinungen dankbar. Bitte wenden Sie sich diesbezüglich an verlag@goldegg-verlag.com.

Der Goldegg Verlag achtet bei seinen Büchern und Magazinen auf nachhaltiges Produzieren. Goldegg Bücher sind umweltfreundlich produziert und orientieren sich in Materialien, Herstellungsorten, Arbeitsbedingungen und Produktionsformen an den Bedürfnissen von Gesellschaft und Umwelt.

ISBN Print: 978-3-903090-07-1
ISBN E-Book: 978-3-903090-27-9

Friedrichstraße 191 • D-10117 Berlin
Telefon: +49 800 505 43 76-0

Goldegg Verlag GmbH, Österreich
Mommsengasse 4/2 • A-1040 Wien
Telefon: +43 1 505 43 76-0

E-Mail: office@goldegg-verlag.com
www.goldegg-verlag.com

Layout, Satz und Herstellung: Goldegg Verlag GmbH, Wien
Druck und Bindung: CPI books GmbH, Leck

Inhaltsverzeichnis

Vorwort

Sie sind zu einer Party im großen Stil geladen. Seit Monaten freuen Sie sich auf dieses Fest. Gemeinsam mit Ihren Freunden überlegen Sie Ihr Styling, Ihre Frisur und geben einiges an Geld für die Vorbereitungen aus. Sie fahren pünktlich hin und betreten den Raum, der festlich geschmückt ist. Es sind bereits viele Menschen wunderschön angezogen und in guter Stimmung vor Ort. Sie erblicken Ihre Freunde und steuern auf diese zu. Plötzlich kommt Herr Berg in die Runde, mustert Sie von oben bis unten herablassend und fragt Sie, woher denn *Sie* eine Einladung für die Party haben. Dann fügt er noch an: *„Ihr Styling ist ziemlich unpassend.“* Sie erstarren und erleben eine Art Schockreaktion. Ihre Freunde werden auch blass und die Stimmung in der Runde fällt in Sekundenschnelle auf den Nullpunkt. Herr Berg merkt in seiner überheblichen und selbstverliebten Art nicht, welche Wirkung er erzielt hat. Ganz im Gegenteil. Er startet eine Rede der Selbstverherrlichung, in der er anmerkt: „Schauen Sie, dieses elegante und glamouröse Fest passt genau zu mir.“ Niemand entgegnet seinem Angriff auf Sie. Sie laufen auf die Toilette und versuchen, dort wieder nach Luft zu ringen. Sie fühlen, wie sehr Herr Berg Sie mit seiner Aussage erschüttert hat. Selbst das Wissen, dass er zwar ein angesehener, aber nicht wertgeschätzter Mann ist, hilft Ihnen nicht, diese Verunsicherung zu entschärfen. Einzig und allein, dass Ihre Freundin Katharina bei der Tür hereinkommt und sich über das Auftreten von Herrn Berg Ihnen gegenüber mokiert, tröstet Sie ein bisschen. Der Abend nimmt einen guten, aber nicht unbeschwerten Verlauf.

Egal ob in Situationen mit Freunden, der Familie oder im Berufsumfeld: Es gibt immer wieder Auslöser, durch die Situationen kippen können und sich emotional verschärfen.

Bei näherer Betrachtung dieser Situationen wird stets ein roter Faden sichtbar. Wir verstricken uns rasch in unsere Interpretationen und Bewertungen. Dabei blenden wir oft die Welt unseres Gegenübers aus. Jeder Mensch erlebt einzigartig. Alle Personen haben eine individuelle Geschichte. Wie im oben genannten Beispiel sichtbar wird, werden z.B. Zugehörigkeiten und Dresscode unterschiedlich wahrgenommen und bewertet. Ein narzisstischer Typ möchte nur Menschen, die er als würdig empfindet, neben sich haben. Am besten noch mit Äußerlichkeiten geschmückt, die er als passend empfindet. Ein harmoniebedürftiger Mensch wird immer darauf achten, nicht aufzufallen und sich nicht abzuheben.

Individualität ist niemals gut oder schlecht. Sie bedeutet, dass jeder einzelne Mensch im Laufe seiner Entwicklung vielen verschiedenen Aspekten und Dynamiken gegenübersteht und diese unterschiedlich verarbeitet. Meist reagieren wir, wenn wir angegriffen werden, wie Kampfhähne. Und in vielen Fällen schieben wir natürlich gerne die Schuld auf den anderen. Damit wollen wir es uns leicht machen und übergeben die Aufgabe, etwas besser zu machen, nach außen. Was ja legitim ist. Allerdings hat die Abgabe von Selbstverantwortung noch niemals zu nachhaltig zufriedenstellenden Ergebnissen geführt, denn wenn wir unsere eigene Verantwortung nach außen abgeben, werden wir immer wieder ähnliche Situationen mit denselben Schwierigkeiten und Dynamiken erleben. Deshalb ist es sinnvoll, die Verantwortung für jegliche zwischenmenschliche Dynamiken bei sich zu halten und sich an psychologische Gesetzmäßigkeiten zu halten.

Das bedeutet: Verlassen Sie sich im Miteinander niemals auf das Tun des anderen! Gestalten Sie den Weg so, dass Sie gemeinsam zu guten Lösungen finden. Ziel ist es, immer zufrieden und mit Leichtigkeit aus Situationen zu gehen, anstelle Konflikte zu eskalieren. Wenn Sie das schaffen, erzielen Sie die Wirkung, dass die anderen Ihnen Wertschätzung und Respekt entgegenbringen.

Ich freue mich, wenn Sie durch dieses Buch inspiriert werden, im Miteinander zu experimentieren und psychologische Gesetzmäßigkeiten anzuwenden. Sie werden vielfach Erfolge erzielen und vor allem innere Zufriedenheit.

Evelyn Summhammer

Zwei unterschiedliche Ziele dieses Buchs

Für Menschen aller Altersstufen und unterschiedlichster Charaktere stellen zwischenmenschliche Situationen eine enorme Herausforderung dar.

Beziehungsdynamiken jeglicher Art bilden stets einen Kreislauf, der das Handeln und Denken zweier Personen spiegelt. Verändert sich eine der Personen, verändert sich die andere in ihren Reaktionen automatisch mit. In meiner Praxis erlebe ich oft, dass mir Menschen freudestrahlend berichten, dass sie Konflikte auflösen können, wenn sie die üblichen Reaktionsmuster weglassen. Es genügt oft, auf eine Provokation einfach zu schweigen oder mit einem verständnisvollen Satz wie „Das tut mir leid für dich" zu reagieren, und schon eröffnet sich lösungsorientierte Kommunikation und übliche Eskalationen bleiben aus.

Im ersten Teil des Buches geht es darum, Ihr Verständnis für das Denken und Handeln schwieriger Zeitgenossen zu wecken. Wenn Ihnen das gelingt, wird es Ihnen automatisch möglich, eine neue Perspektive einzunehmen. Durch andere Betrachtungsweisen werden naturgemäß auch neue Handlungsmöglichkeiten eröffnet.

Wenn Sie Ihr Gegenüber wie durch eine Lupe wahrnehmen, wird Sie das eine oder andere an seinen Handlungen und Aussagen nicht mehr so sehr irritieren. Sie werden automatisch anders auf die Person zugehen, anders mit ihr umgehen.

Der zweite Teil des Buches hat das Ziel, Ihnen das allgemeine Funktionieren von Beziehungs- und Gesprächsmustern aufzuzeigen. Dabei vermittle ich Ihnen in kompakter, einfacher Form psychologisches Wissen. Damit möchte ich Sie zum Nachdenken anregen und Ihnen neue Verhaltensweisen mitgeben.

Selbst wenn wir in gut funktionierenden, tragfähigen Beziehungen leben, geraten wir immer wieder in Situationen, in denen wir uns überfordert oder unangenehm berührt fühlen. Da uns oft nicht bewusst ist, was uns im Allgemeinen zu negativen Gefühlen führt, ist es auch ein Ziel dieses Buches, dazu Erkenntnisse zu gewinnen.

Diese sollen Ihnen helfen, sich selbst und Ihre eigenen Dynamiken besser zu verstehen. Lassen Sie sich durch den zweiten Teil dazu anregen, Ihre persönliche Weiterentwicklung und gezieltes Selbstmanagement zu forcieren.

Durch dieses Buch haben Sie die Chance, sowohl Ihren Blick auf andere als auch Ihren Blick auf sich selbst neu zu gestalten.

Wenn Sie beide Teile verbinden, nämlich ein positives Selbstmanagement mit gezieltem Verständnis für den anderen, werden Sie neue Formen des Miteinanders erleben. Sie werden dadurch mehr Gelassenheit und Qualitätszeit in Ihr Leben bringen. Lebensqualität bedeutet Zufriedenheit, sowohl mit sich selbst als auch mit Ihrer Umgebung.

Viel Freude beim Lesen und dabei, sich in das Innenleben Ihrer Mitmenschen und Ihr eigenes einzufühlen.

TEIL 1 – MENSCHENTYPEN VERSTEHEN

Wozu die Einteilung in Persönlichkeitstypen?

Typologien dienen dazu, Menschen in ihren Verhaltens- und Reaktionsweisen vorhersehbar zu machen. Vorhersehbarkeit dient unserem grundlegenden Orientierungsbedürfnis. Je konkreter wir unsere Mitmenschen einschätzen können, umso einfacher scheint uns der Umgang mit ihnen.

Trotz vielfach entstandener Typologien ist niemals exakt vorhersehbar, wie sich einzelne Menschen in bestimmten Situationen tatsächlich verhalten! Jeder Mensch ist ein einzigartiges Wesen und verändert sich außerdem stetig einzigartig. Zusätzlich gibt es zu den groben Einteilungen in klassische Persönlichkeitstypen natürlich Mischformen unterschiedlichster Art und Ausprägungsgrade. Es gibt zudem typische Situationen, die unsere Persönlichkeit herausfordern. Solche Situationen sind meist Ausnahmesituationen, in denen wir uns in einem erhöhten Stressniveau bewegen. Das können Prüfungssituationen sein, Konfliktsituationen, völlig neue Ereignisse oder Unvorhergesehenes. Die Herausforderung und Spannung in unserem Miteinander liegt in der Kombination der individuellen Persönlichkeiten in einzigartigen oder typischen Situationen. Diese sind äußerst vielfältig, aber letztlich folgen sie einem gewissen Aktions- und Reaktionsplan. Das macht unser Miteinander so spannend! Typologien helfen uns, die zwischenmenschlichen Herausforderungen und Spannungen zielführend zu meistern. Typologien beziehen sich immer auf Männer und Frauen und sind vom jeweiligen gesellschaftlichen Erziehungsverhalten auch geschlechtsspezifisch geprägt.

Zur Entwicklung der individuellen Persönlichkeit tragen folgende Faktoren bei:

- genetische Faktoren,
- die persönliche Entwicklungsgeschichte,
- unsere kulturellen Umgebungsbedingungen und
- innere, dynamische Faktoren.

Unsere *genetischen Veranlagungen und Baupläne* sind unser jeweiliges Ausgangsmaterial. Stellen Sie sich vor, Sie haben unterschiedliche Farbpaletten. Auf der einen Farbpalette finden Sie mehr Rotschattierungen, auf der anderen Palette mehr Blau- oder Grünschattierungen. Wichtig ist, dass alle Farbschattierungen vorhanden sind, das Ausmaß und die Kombination der Schattierungen verweisen auf die jeweilige Individualität Es gibt vielschichtige und vielfache Untersuchungen dazu, was unsere genetischen Veranlagungen und Baupläne beeinflusst. Erwiesen ist, dass die Schattierungen und Kombinationen bereits beim Embryo festgelegt werden und sich ständig weiterentwickeln.

Unsere *persönliche psychologische Entwicklungsgeschichte* beginnt ebenfalls bereits bei der Zeugung. Alles, was in unserem nahen Umfeld passiert, prägt unser emotionales Empfinden. Auch wie viele Stresssituationen wir in welchem Lebensalter erlebt haben, wie vielen Überforderungen wir ausgesetzt waren, ob wir Verluste erleben oder dramatische Lebensereignisse überwinden mussten, hat Einfluss auf uns. Die psychologische Entwicklungsgeschichte können Sie damit vergleichen, ob Wasser auf Ihre Farbpalette gelaufen ist, ob diese überschwemmt wurde oder die Farben auf der Palette mit dem Pinsel zerkratzt wurden. Eventuell finden Sie auch erlebnisbedingt Kerben in den Schattierungen

Kulturelle Umgebungsbedingungen sind Wertesysteme. Die sozialen Gruppen, denen wir angehören oder denen wir uns nahe fühlen, prägen uns. Die Werte unserer Eltern, unserer Kindergärtner, unserer Lehrer, unserer Peer-Groups haben sehr viel Einfluss auf die Persönlichkeitsentwicklung. Wenn Ihnen zum Beispiel Ihre Eltern vorgelebt haben „Mach es immer allen recht“, so ist die Wahrscheinlichkeit, dass Sie selbst nach diesem Motto leben, sehr hoch. Die Wertesysteme, die uns mitgegeben wurden, beeinflussen uns dahingehend, ob wir etwas für erstrebenswert oder verwerflich halten.

Innere dynamische Faktoren spielen sich in jedem Individuum ab und sind zumeist bewusst gesteuert oder durch unsere aufgenommenen Überzeugungen und Glaubenssätze geprägt. So können zwei Geschwister aus ein und demselben familiären Umfeld zwei völlig unterschiedliche Lebenswege einschlagen. Ein Geschwisterkind möchte gerne den gesellschaftlichen Normen und den elterlichen Forderungen entsprechen, das andere lebt ein kreatives, außerhalb der Norm liegendes Leben. Beide haben sich aufgrund ihrer individuellen inneren dynamischen Prozesse für den jeweiligen Weg entschieden.

Bei der folgenden Betrachtung unterschiedlicher Persönlichkeitstypen geht es niemals darum, Menschen zu bewerten oder zu schubladisieren. Es geht vielmehr darum, jede einzelne Person als vielschichtiges, interessantes und einzigartiges Wesen zu akzeptieren.

Die unten vorgestellten Typen habe ich aufgrund meiner langjährigen Erfahrung als Psychologin und Psychotherapeutin ausgewählt. In vielen Gesprächen wurde mir immer wieder mitgeteilt, dass bestimmte Menschentypen schwierige zwischenmenschliche Dynamiken initiieren. Das heißt, dass diese mit ihren Verhaltensweisen ihre Gegenüber irritieren oder auch überfordern. Aus diesem Grund möchte ich Verständnis für das Verhalten und Reagieren dieser Menschentypen erzielen, mit der Absicht, Irritationen durch Lösungswege zu ersetzen.

Die Besserwisser

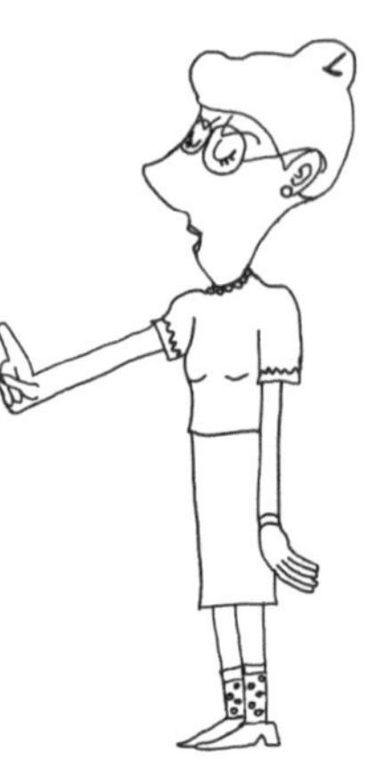

Stellen Sie sich vor, Sie planen gerade Ihre Sommerreise, auf die Sie sich schon seit längerer Zeit freuen. Sie besorgen sich Reiseführer für Paris. Sie recherchieren im Internet die bedeutendsten Sehenswürdigkeiten, sehen sich Bilder dazu an, zeigen sie Ihrem Partner und Ihren Kindern und sind aufgeregt, all diese wunderbaren Orte aufzusuchen. Sie lesen sich in die Geschichte der Stadt ein, fantasieren über Ihren ersten Anblick des Eiffelturms vor Ort, sehen sich durch die Gassen schlendern und spüren geradezu, wie imposant diese Stadt auf Sie wirkt. Sie freuen sich auf das Hotel, das Sie gebucht haben, und Sie und Ihre Lieben wissen schon genau, wie Sie jeden Tag in der Stadt der Liebe verbringen werden.

Am darauffolgenden Tag gehen Sie in den Supermarkt, um Ihren Alltagseinkauf zu erledigen. Sie treffen auf Ihren Nachbarn Herrn Huber, den Sie seit vielen Jahren kennen, und Sie plaudern wie immer, wenn Sie sich treffen. Dieses Mal erzählen Sie ihm von Ihrer geplanten Reise nach Paris und Ihren achtsam gewählten Vorbereitungen. Sie sind voller Freude in den Schilderungen. Herr Huber zieht ein ernstes Gesicht und Sie haben das Gefühl, dass er Ihre Freude gar nicht teilt. Er sieht Sie skeptisch an und sagt: „So geht das nicht! Wenn Sie schon einmal nach Paris fahren, dann dürfen Sie nicht in das Hotel du Parc gehen, denn dieses Hotel liegt in der Rue Saint-Charles und diese ist viel zu weit weg von den geplanten Sehenswürdigkeiten." Aus seiner Sicht wäre es wesentlich besser, das Hotel de la Tour Eiffel in der Rue de l'Exposition zu wählen und die Sehenswürdigkeiten in einer ganz anderen Reihenfolge zu besichtigen. Vor allem war er bereits dort und kann Ihnen gleich sagen, dass alles, was Sie ausgesucht haben, gar nicht so toll ist. Sie müssten sich Notre Dame, den Eiffelturm und Sacré Coeur ansehen. Am besten den Eiffelturm am Vormittag, Notre Dame am Nachmittag und Sacré Coeur am Abend. Er wisse das, denn er habe ja viel Reiseerfahrung.

Während Herr Huber Sie belehrt, in einem Tonfall, der schwer zu ertragen ist, denken Sie nur noch daran, wie Sie aus dieser Situation flüchten könnten. Er gibt Ihnen das Gefühl, unwissend und unerfahren zu sein und keine Ahnung von Städtereisen zu haben. Sie schweigen währenddessen und ergreifen nach einer kurzen Verabschiedung die Flucht. Auf dem Nachhauseweg haben Sie ein schales Gefühl im Magen. Sie fragen sich: „Bin ich so unerfahren, oder was will denn der schon wieder von mir?“ Ihre ganze Freude über die Vorbereitung ist in diesem Moment im Keller. Sie erzählen abends Ihrem Partner von der Begegnung und er tröstet Sie mit den Worten: „Herr Huber kann es einfach nicht ertragen, dass man auch ohne seine Hilfe genießen, gut leben und glücklich sein kann.“ Herr Huber ist davon überzeugt, dass sein Wissen das „wahre Wissen“ ist und nur mit diesem das Leben in den richtigen Bahnen läuft.

Besserwisser haben es nicht gelernt, sich in die Gefühle und Bedürfnisse ihrer Gesprächspartner einzufühlen. Es geht nicht darum, sich auszutauschen, einander zuzuhören, sich miteinander zu freuen. Das Ziel dieser Personen ist stets, darzustellen, wie toll ihr Wissen ist, zu demonstrieren, dass sie die meiste Erfahrung in sich tragen und ohne ihre Weisheiten die anderen zu kurz kommen.

Was uns diese Menschen so schwer ertragen lässt, ist die Tatsache, dass sie uns ihre Meinung aufdrücken. Ihr vorrangiges Gesprächsziel ist, wegen ihres Wissens bewundert und anerkannt zu werden. Sie sind verliebt in ihr Detailwissen und es geht niemals darum, die ganze Angelegenheit in all ihrer Vielseitigkeit zu erkennen. Die Reaktionen ihrer Mitmenschen scheinen sie gar nicht wahrzunehmen. Neunmalkluge sind nur auf sich und die Tatsache, es besser zu wissen, fokussiert.

Emotionen und Spontaneität sind im Leben dieses Typus kaum zu finden. Diese Ebene des Erlebens konnten sie niemals lernen. Der Fokus ihrer Prägung lag zu sehr auf Leistung und zu wenig auf Emotionen. Deshalb ist ihnen diese Ebene nicht vertraut und wird meist in ihrem Leben ausgeblendet.

Wie Besserwisser wurden, wie sie sind

In frühen Lebensjahren sind Kinder, die sich zu Besserwissern entwickeln, primär gelobt und angespornt worden, wenn sie eine sehr gute Leistung erbracht haben oder etwas besser als andere wussten.

„*Das hast du gut gemacht, aber komm, das kannst du sicher noch besser. Versuch es doch noch einmal!*“, waren typische Redewendungen ihrer Umgebung. Dabei wollte die Umgebung meist nur das Beste für das Kind. Nämlich es anspornen, sich optimal zu entwickeln. Diese Kinder lernen, dass etwas zu wissen oder etwas gut zu machen niemals ausreicht, um die gewünschte Anerkennung zu erhalten. Sie müssen es noch viel besser, noch präziser, noch genauer machen oder wissen, um ausreichend gelobt zu werden. Sie werden davon geprägt, dass höchste Form der Anerkennung und Zuneigung nur mit hoher Leistung gekoppelt ist. Das spornt sie früh an, stets besser sein zu wollen, Konkurrenten auszuschalten und sich in Detailwissen zu verlieren. Zusätzlich werden sie angeleitet, dass Rücksicht nehmen, Teamarbeit und ein inniges Miteinander nicht so bedeutend sind. Eine großartige Einzelleistung steht immer über allem.

Wenn sich dieses Lebensmuster über Jahre hinweg eingeprägt hat, wird es zu einem Lebensmodell. Das heißt, die Liebe wird über Leistung gesucht und nicht über das Miteinander. Viele dieser Menschentypen sind deshalb ein Leben lang sehr einsame Menschen. Sie haben nie gelernt, dass Zuwendung und Zuneigung aus anderen Motiven ersteht als über detaillierte Wissensvermittlung und Leistungserbringung. Diese Menschen fühlen sich in sozialen Umfeldern unwohl und spüren dort tiefe Gefühle der Verunsicherung und Unzulänglichkeit. Sie haben z.B. niemals gelernt, wie sie sich in lustigen, ausgelassenen Gesprächsrunden, in denen es nur um Small Talk und Spaß geht, verhalten sollen. Sie wissen nicht, dass es oft ausreicht, einfach banale Geschichten auszutauschen, ohne dabei Wissen zu vermitteln oder Leistung zu erbringen. Ihre eigenen Emotionen haben sie immer zugunsten der Leistungserbringung zurückgesteckt.

Besserwisser in der Berufswelt

Besserwisser erzeugen mit ihrem Verhalten eine ganz spezielle Wirkung auf ihre Umgebung. Indem sie es anderen als Tatsache vermitteln, dass nur sie die einzige Wahrheit kennen, fühlen sich diese neben ihnen hilflos, kritisiert und kleingemacht.

Betrachten wir dazu den Alltag von Herrn Weiß, der seit einem Monat der Abteilungsleiter einer Versicherungsagentur ist.

Die Kollegen haben ihn immer sehr geschätzt und ihm zum Aufstieg gratuliert. Wäre da nicht Frau Müller, die sich ständig darüber mokiert, wieso er und nicht sein Kollege Silbermann Abteilungsleiter geworden ist. Bei Herrn Weiß könne sie nur geringe Durchsetzung und mangelhafte Führungsqualitäten feststellen. Sie ist jeden Tag verärgert, denn sie könne Herrn Weiß als Chef nicht akzeptieren. Dass alle anderen Kollegen sehr zufrieden mit der Wahl sind, ignoriert sie. Sie ist davon überzeugt, dass andere Menschen niemals so genau hinschauen wie sie und das Verhalten nur an der Oberfläche wahrnehmen.

Natürlich lässt Frau Müller ihre Haltung Herrn Weiß spüren. Es vergeht kaum ein Tag, ohne dass sie ihm per E-Mail oder zwischen Tür und Angel mitteilt, was er anders machen müsse. Ihre Besserwisserei und vor allem die damit verbundene Überheblichkeit nerven Herrn Weiß zunehmend. Anfangs ist er Frau Müller gegenüber noch tolerant. Als allerdings ihre besserwisserischen Angriffe immer vehementer und spitzfindiger werden, beginnt er ungeduldiger zu werden. Die Dynamik zwischen den beiden eskaliert. Frau Müller fühlt sich nicht ernst genommen, Herr Weiß fühlt sich überfahren und belehrt. Es kommt zum Eklat. Die Folge ist eine beleidigte Frau Müller, die Genugtuung möchte. Ihre Rache zeigt sie, indem sie Informationen zurückhält, Gerüchte streut und eine miese Atmosphäre in die Abteilung bringt.

Besserwisser im Familien- und Freundeskreis

Beate ist Leistungssportlerin und seit vielen Jahren erfolgreich. Zusätzlich trainiert sie Jugendgruppen in ihrer Sportart Basketball und hat sich sehr viel Wissen über Fitness, Ernährung und Regeneration erarbeitet. Das ist ein Thema, das auch viele ihrer Familienmitglieder und einige ihrer Freunde interessiert. Wer will heutzutage nicht vital und attraktiv erscheinen?

Es wäre wirklich ein Leichtes für Beates Umgebung, ihr Wissen abzufragen. Aber jeder scheut davor zurück. Beates Freundin, Laura, erzählte ihr einmal, dass sie eine Ernährungsumstellung vornehmen wollte und mehr Sport in ihrem Leben plante. Sie erwähnte, dass sie bei einer Beratungsstelle in einem Fitnesscenter gewesen sei und sehr gute Informationen und Ratschläge bekommen hatte. Daraufhin machte Beate kurzerhand all das, was Laura erzählt hatte, zunichte. Sie widerlegte alle Informationen und demonstrierte, dass nur ihr eigener Zugang zu diesem Thema Beate weiterhelfen könnte. Mit diesem Verhalten hatte sie Laura ziemlich frustriert, denn Laura wollte keine Ratschläge von ihrer Freundin, sondern ihr nur voller Freude von ihren Erfahrungen berichten.

Der konstruktive Umgang mit Besserwissern

Besserwisserei ist eine Suche nach Liebe und Anerkennung. Deshalb ist es wichtig zu erkennen, dass all das, was ein Besserwisser von sich gibt, Versuche sind, Lob und Bewunderung zu erfahren. Hinter dem Verhalten steckt eine verunsicherte Persönlichkeit, die keine Handlungsalternativen hat. Einfühlung in andere und Rücksichtnahme hat ein Besserwisser oder eine Besserwisserin nie gelernt. So eine Person spürt intuitiv, dass dieses „Manko" die Gefahr in sich birgt, ein Außenseiter zu werden. Deshalb versucht sie, über Besserwisserei aufzuzeigen, dass sie unersetzbar ist. Die dahinterliegende Hoffnung ist, gesehen und gehört zu werden und in dem Sinne unersetzlich zu sein.

Wenn Sie verstehen, dass dieses neunmalkluge Verhalten ein Versuch ist, von Ihnen wertgeschätzt zu werden, bekommt es plötzlich eine ganz andere Bedeutung. Sie erkennen nämlich, dass Sie oder Ihre Angelegenheiten diesem Menschen wichtig sind. Er ist bemüht, sich einzubringen, und will dabei sein. Kommen wir auf das oben genannte Paris-Beispiel zurück, wird plötzlich offensichtlich, dass Herr Huber Ihnen seine Erfahrung als Erleichterung mitgeben will.

Aus diesem Blickwinkel heraus können Sie diese Bemühungen aufgreifen. Geben Sie den Alleswissern zu verstehen, dass Sie ihre Bemühungen erkannt haben und sich jene Aspekte herausnehmen, die für Sie zielführend sind.

Ganz konkret könnte Ihre adäquate Antwort bei dem eingangs erwähnten Beispiel zur Reise folgendermaßen lauten: *„Danke Herr Huber, dass Sie sich so einbringen. Wir haben unsere Pläne allerdings gut überdacht und möchten dabei bleiben."*

Mit dieser Antwort geben Sie dieses Statement ab:

- Ich anerkenne dein Bemühen, dich einzubringen und damit Wertschätzung zu erfahren.
- Ich bleibe in meinen Interessen. Das bedeutet, ich nehme deine Ideen auf und integriere nur die, die für mich zielführend sind.

Statements dieser Art sind sogenannte Musterhaltungen. Ich bleibe immer in meinem psychologischen System, das heißt in meinen Interessen, in meinen Zielen. Dabei anerkenne ich das Verhalten meines Gegenübers und baue eine Brücke zu ihm. Das bedeutet, ich hole mir aus dem System des anderen jene Botschaften, die für mich passen, und lasse diejenigen dort, die mir unpassend erscheinen.

Im Beispiel mit der besserwisserischen Mitarbeiterin Frau Müller könnte Herr Weiß beispielsweise so vorgehen: *„Frau Müller, ich weiß, dass Sie mit meiner Beförderung zum Abteilungsleiter nicht zufrieden sind, weil Sie Herrn Silbermann für geeigneter halten. Ich gehe davon aus, dass Sie gute Gründe für Ihre Entscheidung haben. Aus meiner Sicht bin ich ebenso geeignet, ein guter Abteilungsleiter zu sein. Ich bitte Sie, diese Tatsache zu akzeptieren. Ihr langjähriges Detailwissen ist in vielerlei Hinsicht eine große Ressource für das Unternehmen und in den Aspekten, in denen ich Ihr Detailwissen benötige, komme ich gerne auf Sie zu."*

Mit dieser Aussage gibt der Vorgesetzte dieses Statement ab:

- Herr Weiß vermittelt Frau Müller, dass sie gute Gründe für ihre Entscheidung hat. Damit zeigt er ihr Respekt. Er macht aber auch deutlich, dass er nun der neue Chef ist und dass diese Tatsache zu akzeptieren ist.
- Er wertschätzt ihr Wissen und gibt ihr zu verstehen, dass er es einholt, wenn er es benötigt.

Mit solchen Strategien vermitteln Sie dem Alleswisser, dass Sie ihn schätzen, aber nicht unbedingt seine Besserwisserei benötigen. Wenn Sie dieses Verhalten längerfristig anwenden und Glück haben, wird er sich künftig etwas distanzieren. Allerdings erwarten Sie niemals, dass diese Menschen neunmalkluges Verhalten abstellen. Sie können es nicht, da sie keine Alternativstrategien für ein Miteinander haben. Einfach nur zu erzählen und zuzuhören würde aus ihrer Sicht niemals genügen.

Durch die Tatsache, dass die Neunmalklugen kein anderes Verhaltensrepertoire haben, ist es einfach schwierig, in ihrer Gegenwart gelassen zu sein. Eigene innere Gelassenheit, wie sie im Kapitel *Bausteine für innere Gelassenheit* näher erläutert wird, hilft, das arrogante Verhalten auszublenden und sich darauf zu konzentrieren, was an diesen Menschen liebenswert oder angenehm ist. Fokussieren Sie jene Handlungen oder Unterstützungen, von denen Sie profitieren. Der Blick auf die ganze Persönlichkeit, ihre Prägungen und Grenzen macht diesen Typus zu Mitmenschen, die in ihren Bemühungen auch immer wieder Vorteile für ihre Umgebung bringen.

Checklist im Umgang mit Besserwissern

- ☒ Erkennen Sie die Persönlichkeitsstruktur: Nehmen Sie Besserwisserei oder neunmalkluges Verhalten nicht persönlich. Das Verhalten zielt niemals darauf ab, Sie zu schmälern. Es ist ein Versuch, Anerkennung und Wertschätzung zu erfahren.
- ☒ Alleswisser unter den Kollegen – Grenzen Sie sich ab: Suchen Sie das Gespräch mit ihm oder ihr immer allein. Lassen Sie die Sichtweise bestehen und stellen Sie sachlich Ihre Meinung gegenüber, ohne zu bewerten. Machen Sie klar, dass Sie Ihre eigenen Entscheidungen unabhängig treffen.
- ☒ Alleswisser unter Freunden – Seien Sie ehrlich: Wenn Sie erkennen, dass er unrecht hat, liefern Sie fundiert die richtige Antwort. Argumentieren Sie ausführlich. Wenn Sie gelangweilt sind, signalisieren Sie, dass Sie das Thema nicht wirklich interessiert, ohne ihn zu beleidigen.
- ☒ Alleswisser als Chef – Überzeugen Sie: Er hält seine Mitarbeiter für unfähig und kontrolliert sehr stark. Im Idealfall gelingt es, ihm Ihre Idee so zu vermitteln, dass er Vorteile und die Möglichkeit, mehr Wissen zu erhalten, erkennt.

Die Narzissten

Verliebt in das eigene Ich: Wie viel Selbstliebe ist gesund? Wann ist sie schädigend? Der Begriff Narzissmus ist in aller Munde. Man spricht von einer für unsere Zeit typischen egozentrischen Selbstverliebtheit. Zunehmend mehr Menschen finden den Weg zur individuellen Einzigartigkeit vor allem durch unsere Selfie-Kultur und das öffentlich geförderte Rampenlicht wie Facebook und Realityshows. Narzissten hat es schon immer gegeben, aber die aktive Förderung von Narzissmus wird durch die jetzige Kultur deutlich unterstützt.

Der Begriff Narziss leitet sich ursprünglich vom Namen eines Jünglings in einer altgriechischen Sage ab, der sich in sein Spiegelbild verliebt hatte. Deshalb nennen wir heute noch extrem selbstverliebte und selbstbezogene Menschen Narzissten. In der griechischen Mythologie war Narziss derart in sein Spiegelbild verliebt, dass er alle seine Verehrerinnen zurückwies und schließlich vor seinem Ebenbild starb.

Auf Narzissten treffen wir überall im Leben und sie sind durch ihre überhebliche Art leicht zu erkennen. Stellen Sie sich vor, Sie gehen zu einer Vernissage. Es finden anregende Unterhaltungen statt, Sie genießen Ihr Glas Prosecco. Plötzlich steht Herr Bund im Eingang, mit einer auffällig geraden, aufrechten Körperhaltung. Herr Bund ist ein sehr erfolgreicher Manager, der es gewöhnt ist, dass andere seine Autorität anerkennen und ihn vielfach für das bewundern, was er in seinem Leben erreicht hat. Nun geht er durch den

Raum und sein Verhalten ist typisch narzisstisch Er ignoriert Menschen, die er nicht als „ebenbürtig“ achtet, und begrüßt nur diejenigen, die ebenfalls als sehr erfolgreich gelten und seiner Ansicht nach gesellschaftlich höher gestellt sind. Indem er alle anderen Anwesenden demonstrativ ignoriert, vermittelt er ihnen das Gefühl, sie seien unwichtig oder gehörten zu Dienstleistern, die er als ihm untergeben betrachtet. Ein gewisses Schaudern durchfährt Sie. Seit Langem zählen Sie zum Netzwerk von Herrn Bund und erfahren immer wieder eine besondere Art der Überheblichkeit. Herr Bund bringt eine zur Schau gestellte Grandiosität in den Raum, die in keine Realität passt. Sein Verhalten beschämt Sie fast ein bisschen. Dennoch hat Herr Bund auch etwas Geheimnisvolles und Interessantes an sich und Sie spüren Lust, ihn zu beobachten. Er inszeniert sich in jedem seiner Gespräche. Sowohl verbal als auch körpersprachlich vermittelt er, etwas Besseres, etwas Besonderes zu sein. Bei genauerer Beschäftigung mit ihm spüren Sie, dass er gar kein Interesse an seinen Gesprächspartnern hat, sondern dass sein wahres Verlangen nur darauf abzielt, bewundert zu werden. Wenn sich im Verlauf eines Gesprächs die Aufmerksamkeit auf andere richtet, lenkt er umgehend zu sich und zu seinen Erfolgen zurück, um sich wieder in den Mittelpunkt zu stellen. Dieser Mann manipuliert seine Gegenüber, mit dem Ziel, sich perfekt zu bestätigen und andere dabei abzuwerten. Seine Gesprächspartner wirken wie sein Publikum. Gegenmeinungen werden abgeschmettert, selbst wenn sie noch so fundiert sind.

Diese Beobachtungen bereiten Ihnen ein mulmiges Gefühl. Sie fühlen, dass Herr Bund andere nur benutzt, um seine Egozentrik zu nähren. Er hat tolle Gesprächsstrategien, die ihm trotz seiner Überheblichkeit die volle Aufmerksamkeit seiner Umgebung sichern. Er begeistert und manipuliert über interessante Themen, in denen er sich stets als Held darstellt.

Herr Bund geht früher als die meisten anderen der Anwesenden nach Hause. Sie merken, wie sich die Atmosphäre plötzlich fühlbar entspannt und die Gesprächspartner deutlich lockerer sind. Es scheint, als hätte Herr Bund das unsichtbare Band an Vereinnahmung, das er unter den Gästen gewebt hatte, mit sich genommen.

Viele Menschen sind anfangs von Narzissten begeistert, da diese Souveränität ausstrahlen. Mit der Zeit spüren sie jedoch, dass Narzissten andere *ge*brauchen, um das eigene Selbstwertgefühl zu erhöhen. Narzissten schrecken nicht davor zurück, andere auszubeuten, wenn sie Vorteile daraus ziehen. Sie sind ja überzeugt davon, dass sie das, was sie bekommen, verdient haben und es wert sind, alle Aufmerksamkeit und Zuwendung zu erhalten. Sie fühlen sich überlegen, großartig und sind überzeugt von ihrer Mächtigkeit. Was sie uns so schwierig macht, ist, dass sie mit ihren Darstellungen ständig unsere eigene Eitelkeit beleidigen.

Wer nicht ausreichende Distanzierungsstrategien anwendet, fühlt sich oft im eigenen Wert zu wenig gesehen oder zu wenig wertgeschätzt. Es gibt mehrere Möglichkeiten, auf Narzissten zu reagieren. Man ignoriert ihr Tun, mit dem Wissen, dass es dabei um eine Show und übertriebene Darstellung des eigenen Selbst geht, oder man fühlt sich nicht ausreichend geschätzt und wahrgenommen und ist versucht, darauf zu reagieren. Entweder mit Distanzierungsstrategien oder mit verbalen Attacken. Wem dies gelingt, von dem wird der Narzisst sich abwenden, denn das hält er kaum aus. Einzig und allein Menschen, die er als gleichgestellt empfindet, akzeptiert er als ebenbürtige Gesprächspartner. Der Hintergrund dieser Akzeptanz ist die Tatsache, dass er davon überzeugt ist, diese Menschen könnten ihm Vorteile verschaffen. Sei es, dass er damit in einen elitären Kreis aufgenommen wird, oder dass sie ihm Netzwerke zur Verfügung stellen können, die ihm dienlich sind. Jede seiner Handlungen ist geleitet von Eigennützigkeit.

Es gibt allerdings unterschiedliche Ausprägungsgrade von Narzissmus. Die Ausprägungsgrade gehen von gesundem Narzissmus, im Sinne einer gesunden Eigenliebe, bis hin zu pathologischem Narzissmus, der mitunter auch Normen und Gesetzesüberschreitungen für die Personen rechtfertigt. Denn sie sind ja derart besonders, dass selbst solche Vorgehensweisen ihnen zustehen.

Manche Narzissten haben sich einen verführerischen Charme zugelegt, um sich in den Mittelpunkt zu stellen. Sie führen Gespräche, in denen sie andere Menschen umgarnen und kokett dazu verleiten, ihren selbstdarstellerischen Geschichten Glauben zu schenken. Sie stellen sich auch gerne als Helfer dar, allerdings ist es niemals Hilfe für den anderen, sondern Hilfe, um daraus ein gutes Gefühl für den eigenen Wert mitzunehmen. Durch diese Mechanismen fühlen andere sich manchmal verleitet, sich menschlich auf sie einzulassen. Allerdings werden sie dabei immer wieder enttäuscht, denn Narzissten fehlt die Fähigkeit, sich ihrerseits auf andere einzulassen, sich einzufühlen und in ein echtes Miteinander zu treten.

Wie Narzissten wurden, wie sie sind

In der Literatur über Narzissmus finden sich zwei Theorien über die Entstehung eines übertriebenen Narzissmus. Beide fokussieren als Ursache ein gestörtes Ausmaß an emotionaler Zuwendung.

Einer dieser Theorieansätze besagt, dass die Person in der frühkindlichen Phase zu sehr verhätschelt und überbehütet wurde. Sie hat in übertriebener Weise Lob erfahren, das sie geradezu in eine egozentrische Rolle drängte. Auf Eigenheiten und Schwächen wurde kaum aufmerksam gemacht. Das

Kind erlebte sich als Mittelpunkt der Elternwelt mit aller Aufmerksamkeit, allen Förderungsmöglichkeiten und dem Instinkt, die Gefühle seiner Umgebung mitzusteuern. Als Folge verlor es den Bezug zu seiner wahren Individualität im Sinne, sowohl eigene Stärken als auch eigene Schwächen wahrzunehmen. Wenn Menschen sich immer nur als stark und besonders erleben, werden sie sehr schnell frustriert, sobald sie auf Situationen stoßen, die sie nicht bewältigen können. Stellen Sie sich ein Kind vor, das von seiner Umgebung als perfekt definiert wird. Wenn es in die Schul- oder Berufswelt eintritt und in dieser Realität erfährt, dass es doch Persönlichkeitsanteile gibt, in denen es Schwäche aufweist, wird es gezwungen, sich mit eigenen Defiziten auseinanderzusetzen. Da es solche Auseinandersetzungen mit sich selbst nicht kennt, entwickelt diese Person oft grandiose Fantasien, um die Realität zu verzerren oder die Kritik sogar auszublenden. Mitunter erlernt dieser Mensch Strategien, andere dahingehend zu manipulieren, dass er selbst für das Defizit nicht verantwortlich sein könne, und schafft es somit, sein Selbstbild aufrechtzuerhalten. Oder er entwickelt sehr ehrgeizige Strategien und verwandelt die Schwäche in eine Stärke. Viele Narzissten verfolgen jahrelang das Ziel, der Welt zu zeigen, dass sie besonders sind.

Ein alternativer Theorieansatz geht davon aus, dass ein möglicher Ursprung des Narzissmus im genauen Gegenteil der emotionalen Zuwendung liegt. Dem Kind wurden aus der Ursprungssituation heraus Zuneigung, Wärme und Geborgenheit weitgehend vorenthalten. Da Menschen im frühkindlichen Entwicklungsstadium vollständig von Bezugspersonen abhängig sind, wird ein Mangel an emotionaler Zuwendung als existenzielle Bedrohung empfunden. Dies kann zu intensiven Gefühlen führen wie Panikzuständen oder zum beschämenden Glauben, als Person völlig wertlos zu sein.

Zur Bewältigung beginnen Kinder manchmal, der Umgebung ein perfektes, falsches Selbst vorzuspielen. Zum Beispiel geben sie an, bestimmte Aufgaben bewältigen zu können, obwohl sie bei Aufgabenübernahme die Kompetenzen dafür noch nicht haben. Das Resultat ist massive Überforderung, die sie mit harter Arbeit oder der Verzerrung von Tatsachen kompensieren. Dies geschieht mit der Absicht, die begehrte Zuwendung zu erhalten. Es wird versucht, das emotionale Dilemma mit Fantasien von Größe, Schönheit, Eigenständigkeit oder Herrschertum zu verdrängen.

Beiden Theorien liegt die These zugrunde, dass ein Ungleichgewicht in der emotionalen Entwicklung vorherrschend war. Dieses Ungleichgewicht führt zu einem fragilen Selbstwert. Das bedeutet, diese Menschen sind als Erwachsene im hohen Maße auf die Begeisterung und Bewunderung ihrer Umgebung angewiesen. Die verunsicherte innere Seite wird nicht erkannt und ist meist weit weggedrängt. Erst wenn Erwachsene durch bestimmte Lebensereignisse erkennen, dass ihr Narzissmus nur eine Bewältigung von einer einseitigen emotionalen Entwicklung ist, können sie daran arbeiten, die Vielfältigkeit, die eine Selbstwertstabilisierung erfordert, nachzuholen.

Wie bereits erwähnt, tätigen Narzissten viel Aufwand, um das irrationale grandiose Bild des eigenen Selbst aufrechtzuerhalten. Sie erarbeiten sich meist mit viel Einsatz Autorität, Einzigartigkeit und Erfolg. Natürlich gehen nicht alle Menschen, deren Selbstwertentwicklung verhindert wurde, automatisch mit ihrer Verletzung in dieser Weise um. Eine alternative Reaktionsweise ist zum Beispiel die klassische Depression. In dieser werden eigene Gefühle in einem Ausmaß unterdrückt, dass sie massiven Einfluss auf das Erleben und Denken haben. Das zeigt sich meist in niedergedrückten Stimmungslagen, Verlust an Lebensfreude und Leistungsfähigkeit. Diese Menschen spüren innerlich deutliche Selbstzweifel, weil sie in sich keine Antwort für ihre Entwicklungsgeschichte und das daraus resultierende Dilemma haben. Das Besondere der Narzissten ist die betont aktive Form der Bewältigung.

Narzisstische Eigenschaften, wie zum Beispiel eigene Schwächen zu Stärken zu machen, sich durchzusetzen, ehrgeizig an die Spitze gelangen zu wollen, sind mitunter sehr hilfreiche Eigenschaften in unserem Leben. Sie ermöglichen uns, sich von anderen abzuheben und Leistungen außerhalb der Norm zu gestalten. Das bedeutet, narzisstische Verhaltensweisen sind nicht nur schwierig oder störend. Als Symptom wird in der Psychologie alles bezeichnet, was außerhalb der Norm liegt und zu Schwierigkeiten führt. Sei es, zu Schwierigkeiten im Eigenerleben oder zu Schwierigkeiten mit der Außenwelt. Ein grandioser Narzisst, der mit sich selbst im Reinen ist und sich in einem narzisstischen Umfeld gut eingebettet hat, wird kaum einen Leidensdruck erfahren. Ein grandioser Narzisst, der in einem Umfeld mit divergierenden Leistungen und Zielvorstellungen lebt, wird eventuell schwierige Dynamiken hervorrufen bzw. sich und seine Umgebung immer wieder vor den Kopf stoßen.

Neben der beschriebenen überzogenen Selbstliebe gibt es somit auch den sogenannten gesunden Narzissmus. Dieser beinhaltet Strategien, das Selbstwertgefühl eines Menschen positiv festzulegen. Durch die Fähigkeit, sich selbst als besonders und bedeutungsvoll zu erfahren, ist es sowohl möglich, entsprechende Leistungen zu erbringen als auch Grenzen zu überschreiten. Personen mit gesundem Narzissmus erkennen aber neben ihrer Einmaligkeit und Größe auch, dass sie Teil einer Gemeinschaft sind und damit in Abhängigkeit zu dieser leben. Zusätzlich verfügen sie über die Selbsterkenntnis, dass Misserfolge zum Leben gehören. Diese Menschen haben ein ganzheitliches Selbstwertgefühl, sie kennen ihre Stärken und Schwächen und wissen diese gezielt zu handhaben.

Narzissten in der Berufswelt

Versetzen Sie sich in folgende Lage: Sie arbeiten seit langer Zeit für ein und dieselbe Firma, haben in dieser Firma Karriere gemacht und sind sehr zufrieden mit Ihrem Job und Ihrer eigenen Entwicklung. Der Geschäftsführer, der Sie immer sehr gefördert hat, ist seit einem Monat in Pension. Eine neue Geschäftsführerin übernimmt die Position und beginnt, eine neue Führungskultur zu etablieren. Sie schmälert die bisherigen Leistungen aller Mitarbeiter und der persönliche Kontakt mit ihr ist jeweils von Geringschätzung, Entwertung und Herablassung geprägt. Sätze wie „Sie haben ja in Ihrem Leben noch niemals eine herausragende Leistung vollbracht!“ oder „Glauben Sie ja nicht, dass Sie weiterhin so gemütlich vor sich hin arbeiten können! Ich zeige Ihnen jetzt, was gute Arbeit bedeutet, das haben Sie ja in Ihrem Leben noch nie gesehen!“ sind an der Tagesordnung. Nach jedem Meeting, das sie einberuft, kommen Sie gedemütigt heraus. Sie stellen sich ständig die Frage, ob Sie sich das wirklich gefallen lassen müssen, und spüren, dass dieser Mensch keinen Funken Empathie in sich trägt. Niemand hat den Mut, die persönlichen Attacken zu kommentieren. Die wenigen Male, in denen Versuche dieser Art gestartet wurden, sind sehr hart und eindeutig abgestellt worden. Jeder spürt, dass es nur zwei Lösungen gibt: entweder sich einzugliedern oder die Firma zu verlassen.

Nach einigen Monaten beginnt die neue Chefin mit Entlassungen. Diese begründet sie damit, dass sie eine Umgebung brauche, die zu ihr passe, und Menschen, die ihren Respekt nicht verdienen, wären woanders besser aufgehoben. Dabei unterscheidet sie nicht, in welcher Lebenssituation die Gekündigten sind und welche familiären Dramen sie damit auslöst. Sie erklärt eindeutig, dass ihr Ziel sei, dass *sie* das Unternehmen zu neuen Zielen und Ergebnissen führen möchte. Es gehe um ihren Erfolg und nicht um die Existenz anderer Menschen. Wenn Sie nicht schon so lange in der Firma wären und eine gute Position innehätten, würden Sie am liebsten sofort alles zusammenpacken und flüchten. Nun stellen Sie sich aber die Frage, wie Sie diese Situation aushalten können, ohne dabei Ihren Selbstwert zu verlieren. Sie eignen sich zunehmend Selbstschutzmechanismen an. Sie trainieren, wie Sie all ihre Angriffe und Untergriffe nicht persönlich an sich heranlassen, und versuchen, Ihre Leistung nach Ihren Ansprüchen auszurichten. Auch wenn diese Vorgehensweise einen bedeutenden Mehraufwand mit sich bringt, versuchen Sie, daraus eine für sich positive Entwicklung zu gestalten. Ihre Firma hat die früher gepflegte Stimmung der Menschlichkeit verloren. Ihre Kolleginnen und Kollegen ziehen sich zunehmend zurück, weil es keinen Spaß mehr macht, in einer Atmosphäre der Manipulation und der Egozentrik zu arbeiten. Das Einzige, das Sie aufrechthält, ist der Gedanke, dass Sie hoffentlich eine passende Option erhalten, sich außerhalb des Unternehmens zu entwickeln. Jeden Tag recherchieren Sie Anzeigen für einen adäquaten Firmenwechsel. Sie spüren jeden Tag, wie negativer Narzissmus eine ganze Organisation menschlich verseuchen kann. Es geht bei allen Belangen nur darum, dass die Geschäftsführerin sich nach außen profiliert und als Big Boss Ruhm und Ehre erhält.

Dieser sogenannte Chef-Narzissmus ist ein verbreitetes Phänomen. Er führt häufig zu Kündigungen, die Unternehmen viel Geld kosten. Experten flüchten und Wissen wird in andere Firmen weitergetragen.

Natürlich weisen auch narzisstische Manager Innovationsfreude auf, weil sie ja durch ihr Gefühl der Grandiosität Grenzen sprengen und sich stark für Neuerungen oder Impulse engagieren. Und tatsächlich belegen Studien, dass narzisstische Menschen die Karriereleiter oft rascher erklimmen als andere, weil sie sich im Bewusstsein der eigenen Großartigkeit nicht mit Selbstzweifeln aufhalten. Eine Psychologiestudie der University of Nebraska-Lincoln (UNL Today, vom 16. 1. 2014) hat herausgefiltert, dass Narzissten durch ihren extrem selbstbewussten Auftritt rasch Führungspositionen erreichen, weil sie es sehr gut verstehen, anfänglich zu beeindrucken. Das bedeutet, sie werden rascher in Chef-Etagen befördert als Nicht-Narzissten. Das Untersuchungsergebnis hat allerdings auch darauf hingewiesen, dass Narzissten ihre Arbeit nicht erfolgreicher tun. Vielmehr gehen sie oftmals zu hohe Risiken ein, weil sie sich selbst überschätzen. Und sie sind bereit, Menschen und deren Expertisen skrupellos auf der Strecke zu lassen. Was wiederum enorme Kosten verursacht.

Es ist wichtig, sich in Abhängigkeit von Narzissten in einen aktiven Modus des Selbstschutzes zu begeben. Die vielfältigen Herabwürdigungen und Beleidigungen eines Narzissten können das eigene Selbstwertgefühl massiv erschüttern und in einen Sog an Destruktivität ziehen. Dies kann sich in Form von massiven Selbstzweifeln und dem Gefühl, nicht zu genügen, äußern. Selbst wenn man bereits Erfolge erzielt hat, können die Entwertungen des Narzissten das Selbstbild schmälern. Nur wer seine Stärken und seine eigene Identität sehr bewusst in sich verankert hat, kann sich dem distanziert entziehen.

Generell ist es ratsam, sich zu starken Manipulationsversuchen zu entziehen, indem man eigene Grenzen und Bedürfnisse klarlegt. Beispielhaft durch Sätze wie „Ich persönlich bin überzeugt, dass ich gute Arbeit liefere und einen wesentlichen Beitrag zum Erfolg verbuche."

Versuchen Sie allerdings niemals, einen grandiosen Narzissten davon zu überzeugen, dass sein Verhalten destruktiv ist. Er selbst ist eher der Meinung, der Retter zu sein und großartige Entwicklungen zu initiieren. Die Tatsache, dass er andere Menschen und Beziehungen für sich missbraucht, wird er üblicherweise nicht verstehen.

Aus diesem Grund ist es sinnvoll, wenn Sie hinter dem Verhalten des Narzissten das sensible Kind sehen, das entweder mit seinen Minderwertigkeitsgefühlen kämpft, seinem Ungleichgewicht oder sich nach Liebe sehnt, die es nie erhalten hat. Es handelt sich beim Narzissten, ob Mann oder Frau, um einen Menschen, der unausgeglichen in seinen eigenen emotionalen Welten hin und her schwingt und keinen Halt in sich selbst findet. Er sucht diesen in Anerkennung und Bewunderung im Außen und nimmt gar nicht wahr, dass ihm dafür jedes Mittel recht ist. Er kann es nicht spüren, denn er benötigt solche Manipulationen zur Selbststabilisierung. Fallen diese weg, ist er auf sich selbst gestellt und nicht stark genug, für einen ganzheitlichen eigenen Wert zu sorgen.

Wenn Sie die Ausbeutung zu stark erleben, bitten Sie Narzissten um Hilfe. Durch dieses Angebot, Ihnen zu helfen, wird er sich in seiner Grandiosität wiederfinden. Mag sein, dass er nicht direkt darauf einsteigt, aber er wird Ihre Anerkennung, dass Sie ihm die Mächtigkeit zuschreiben, Ihnen Hilfe anzubieten, im Normalfall goutieren.

Narzissten im Familien- und Freundeskreis

Zu Ihrer erweiterten Familie zählt Cousin Georg. Georg ist ein aufstrebender Mitdreißiger, der sich mit viel Ehrgeiz in die Vorstandsetage eines Konzerns gearbeitet hat. Sein Ruf ist umstritten, weil er zwar viele Erfolge verbucht, aber am Weg dahin auch viele „Leichen" verursacht hat. Sie wissen, dass er vor Weihnachten häufig Mitarbeiter entlässt, da er manchmal mit Jahresergebnissen unzufrieden ist. Einfühlung, Fürsorge oder Humor sind nicht seine Stärken. Er ist mit einer ausgesprochen netten, sympathischen, aber sehr unsicheren Frau verheiratet, die sich kaum traut, sich gegen ihn zu stellen. Sie akzeptiert ihn in allem, was er tut, und ist dankbar, dass er sie gut versorgt. Dafür nimmt sie auch hin, dass er sie manchmal vor der Familie oder vor Freunden verbal schmälert, entwertet und kleinmacht. Wenn Sie diese Situationen miterleben, bricht jedes Mal Ihr Herz, weil Sie seine Frau wirklich schätzen. Sie gibt sich für die Familie und die Kinder auf, versucht alles bestmöglich zu gestalten und erträgt es, an der Seite eines Egozentrikers zu bestehen.

Als es wieder einmal in Ihrer Gegenwart geschieht, dass Georg seine Frau vor anderen diskreditiert, nehmen Sie ihn danach auf die Seite und sagen ihm ruhig – und in guter Absicht – Ihre Meinung. Daraufhin zeigt er sich massiv gekränkt und verunsichert. In der anschließenden Reaktion geht er dazu über, auch Sie abzuwerten. Diese Angriffe gehen so weit, dass er Sie im Familienkreis schlechtmacht und nur Negatives über Sie erzählt. Er verbreitet Gerüchte, um Sie zu deformieren. Sie spüren, mit welcher Härte er den vermeintlichen Rückschlag durchzieht. All das bestätigt Ihre Sicht auf ihn und Sie spüren Ihre eigene Hilflosigkeit, sich gegen einen Menschen dieser Art zu behaupten. Sie werden ihn niemals mehr kritisieren und den Kontakt mit ihm in einer sehr distanzierten, höflichen Art weiterpflegen.

Dies ist ein typisches Beispiel dafür, dass Narzissten sehr schwer mit Kritik umgehen können, selbst wenn diese behutsam formuliert ist. Sie fühlen sich damit sofort in ihrem fragilen Selbstwert stark irritiert und haben keine konstruktiven Bewältigungsstrategien dafür. Aus diesem Grund ist es sinnvoll, Narzissten weniger zu kritisieren, als ihnen klar zu sagen, was Sie von ihnen haben möchten. Das bedeutet, die unerwünschten Verhaltensweisen nicht anzusprechen, sondern Lösungsmöglichkeiten vorzugeben. Ob sich der Narzisst daran halten wird, ist fraglich, aber es ist eine Form des Feedbacks, die er besser verarbeiten kann als direkte Kritik.

Der konstruktive Umgang mit Narzissten

Beziehen wir uns auf den Narzissten in der Berufswelt, so ist es ganz wichtig, dass Sie Ihre Eigenliebe etwas zurücknehmen. Vergessen Sie niemals: Ein narzisstischer Mensch ist der Meinung, stets wichtiger als Sie zu sein. Zu spät kommen, nachlässig grüßen, sich in der Rangfolge irren oder ein wenig zu vertraulich zu sein, irritiert diese Personen sehr stark.

Folgendes könnten Sie einem Chef, der Sie nur entwertet und keine Leistung von Ihnen schätzt, entgegnen:

„Ich weiß, dass Sie dieses Ergebnis bis zum Ende der Woche haben möchten. Ich werde mein Mögliches tun, um es zur Umsetzung zu bringen. Sollte es sich nicht pünktlich ausgehen, werde ich Sie im Vorfeld informieren."

Mit dieser Aussage geben Sie folgendes Statement ab:

- Ich habe Ihre Vorgabe zur Kenntnis genommen und nehme diese ernst.
- Ich handle in meinen Möglichkeiten und Grenzen.
- Ich kommuniziere auf der sachlichen und nicht auf der emotionalen Ebene.

Bezogen auf die Familiensituation versuchen Sie niemals, einen Narzissten mit Kritik zu einem anderen Verhalten zu bewegen. Er wird Sie aufgrund von Kritik nur anfeinden, da er sich selbst als grandios erlebt. Eine mögliche Rückmeldung könnte lauten:

„Ich sehe, dass deine Frau sehr viel für dich und deine Familie einbringt. Ich finde, dass sie sehr engagiert und liebevoll mit euch allen umgeht. Aus meiner Sicht gehört sie dafür vielfach wertgeschätzt."

Damit vermitteln Sie dem Narzissten:

- Ich akzeptiere deine Persönlichkeitsstruktur.
- Aus meiner Sicht gehören Menschen, die sich engagieren und etwas leisten, wertgeschätzt.
- Ich kommuniziere auf der sachlichen und nicht auf der emotionalen Ebene.

Checklist im Umgang mit Narzissten

- ☒ Erkennen Sie die Verwundbarkeit von Narzissten: Narzissten haben einen zerbrechlichen Selbstwert. Das Verhalten von Narzissten dient dazu, ihren eigenen Wert zu stabilisieren. Sie bedienen sich dafür der Manipulation oder Entwertungen.
- ☒ Erkennen Sie die Grenzen Ihres Tuns: Seien Sie sich bewusst, dass Sie die übersteigerte Selbstdarstellung von Narzissten niemals verändern oder beeinflussen können. Das kann der Narzisst nur, wenn er es selbst erkennt und an sich arbeitet.
- ☒ Schützen Sie sich: Im Umgang mit Narzissten ist ein aktiver Selbstschutz zielführend. Das bedeutet, dass Sie seine Aussagen, die gegen Sie gewendet sind oder Sie entwerten, niemals persönlich nehmen, sondern als Bewältigungsstrategie erkennen.
- ☒ Reagieren Sie niemals direkt auf das Verhalten von Narzissten und geben Sie lösungsorientiertes Feedback.

Die Blender

Sie haben Ihre Nachbarn zum alljährlichen Sommergrillfest in Ihren Garten eingeladen. Ihr Mann und Sie lieben diese Tradition. Der Abend verläuft gemütlich, alle Gäste kennen einander gut, sind nachbarschaftlich vertraut und genießen Speis und Trank. Je später die Stunde, desto lockerer wird die Atmosphäre. Peter Fritz, der stets modebewusst gekleidet ist und sich gerne selbst inszeniert, beginnt über seine neuen Statussymbole zu sprechen. Von seinem neuen Firmenauto, das nicht nur dem neuesten Trend entspricht, sondern auch alle schicken Details aufweist, die am Markt zurzeit verfügbar sind. Er erklärt, dass er den Geschäftsführer des gefragtesten Autohauses der Stadt persönlich kenne. Aber nicht nur das. Aufgrund seines brillanten Netzwerkes habe er wieder einmal tolle Erfolge für seine Firma einholen können. In weitläufigen Schilderungen und vielen Übertreibungen setzt er sich in Szene und will gar nicht damit aufhören, seine materiellen Schätze und sein außerordentliches Netzwerk zu präsentieren. Durch seine Art und seine Schilderungen lässt er alle anderen unbedeutend erscheinen. Er vermittelt das Gefühl, nur er sei in der Welt der Popularität zu Hause. Alle anderen Personen vor Ort seien nicht der Rede wert und deren Erfolge unbedeutend.

Dabei erkennt Peter Fritz nicht, dass er mit seiner Art, sich zu positionieren, seine Umgebung in den Rückzug drängt. Je mehr er prahlt, desto mehr Distanz erreicht er. Peter Fritz hat allerdings nur eine Form der Kommunikation im Miteinander gelernt, nämlich die des Prahlens. Im Unterschied zu Narzissten oder anderen Typen, die auch prahlen, hat der Blender vorranging das Angeben als Selbstwertregulation.

Wie Blender wurden, wie sie sind

Blender inszenieren sich als eine Art Star. Sie zeigen gerne auf, dass ihre Art, das Leben zu gestalten, jene Form ist, die jeder und jede anstreben sollte. Mit dieser Einstellung verknüpft ist, dass Blender glauben, Anerkennung nur zu erhalten, wenn sie über materielle Güter oder Netzwerke verfügen oder bestimmte Leistungen beherrschen, um die andere sie beneiden. Selbst wenn sie von ihrem Arbeitgeber gekündigt werden, rechtfertigen sie dies damit, dass dies ja nur ein Schritt in eine bessere Entwicklung sei. Blenderei kann sich auf alle Lebensbereiche oder auch auf Teilbereiche beziehen.

Wenn Sie Kleinkinder beobachten, werden Sie immer wieder erleben, dass diese sich über Besitz und Leistung positionieren. Typisch sind dabei Sätze wie *„Mein Papa hat ...“*, *„Mein Eimer ist größer“*, *„Mein Fahrrad ist schöner“* ... Dieses Verhalten ist bereits in unserer Evolution festgelegt. Die Botschaft der besseren Signale ist eindeutig und logisch. Nur wer sich vieles leisten kann, kann Mitbewerber ausschalten und sich fortpflanzen. Im Konkurrenzkampf gewinnt immer der Stärkere und Bessere. Das wurde bereits im Darwinismus beschrieben. Kinder lernen relativ rasch, dass mit anderen zu konkurrieren oder sich statusmäßig zu behaupten, Teile des Lebens sind. Auch wer später auf dem sozialen Parkett bestehen will, muss unsichtbare Eigenschaften wie Fitness, Status und Netzwerk angeben. Dies verlangt Übertreibung, um als Signalgeber wahrgenommen zu werden. Allerdings gilt auch das Sprichwort „Nicht alles, was glänzt, ist Gold.“

Üblicherweise benötigen gesellschaftlich anerkannte Personen mehr als nur Status und Netzwerke. Sie behaupten sich auch durch ihre Leistungen und vor allem durch ihre Art, mit ihren Mitmenschen umzugehen und soziale Bündnisse einzugehen. Diese ganzheitliche Positionierung haben Blender niemals gelernt. In ihrer frühkindlichen Prägungsphase wurde in ihrem Umfeld primär Wert auf materielle

Güter und Netzwerke gelegt. Das heißt, die Fähigkeit zu einem rein menschenorientierten Miteinander wurde nicht gelernt.

Deshalb bleiben ihre Beziehungen in vielen Fällen an der Oberfläche und gehen nicht ins Detail. Meist fehlt ihnen die Möglichkeit, konstruktiv mit Kritik und Konflikten umzugehen. Die soziale Komponente im Sinne der zwischenmenschlichen Auseinandersetzung wurde niemals als Teil des Lebens entwickelt. Den Blendern geht es nicht um Machtstreben wie zum Beispiel den Machtmenschen. Denn Macht bedeutet Konfrontation. Vielmehr dreht sich alles um Bewunderung durch materielle Güter und Netzwerke. Dabei nehmen die Blender auch viel Aufwand auf sich und wirken manchmal sehr aufdringlich. In ihrer frühkindlichen Entwicklung wurde niemals aufgezeigt, dass ein echter Freund, eine echte Freundin mehr zu bieten hat als Blenderei. Tiefe Auseinandersetzung mit den Personen und deren Bedürfnissen und Interessen waren niemals im Fokus.

Nach dem entwicklungspsychologischen Modell des Psychoanalytikers Erik H. Erikson entfaltet sich eine Persönlichkeitsentwicklung zwischen den Bedürfnissen und Wünschen eines Individuums und den Anforderungen seiner sozialen Umwelt. Wenn das Umfeld stets Aufmerksamkeit schenkt, sobald materielle Güter und Netzwerke präsentiert werden, dann findet eine Prägung im Sinne einer Konditionierung statt. Im Falle des Blenders ist dies eine sehr einseitige Prägungsgeschichte. Andere wichtige Entwicklungsthemen wurden nicht so stark gefördert, wie zum Beispiel die soziale Entwicklung im Sinne einer individuellen Auseinandersetzung mit dem Gegenüber.

Blender in der Berufswelt

Sie sitzen mit Ihren Vorgesetzten im Nachmittagsmeeting und besprechen die Ergebnisse des letzten Monats. Sie sind stolz auf Ihre Leistungen und Ihre Erfolge und Ihre Kollegen nicken Ihnen wohlwollend zu. Die Vorgesetzten zeigen sich zufrieden und für Sie scheint alles stimmig. Dann beginnt Frau Müller sich zu inszenieren. Sie meint, dass Ihre Ergebnisse wirklich okay seien, aber sie müsse jetzt einmal darlegen, was sie im letzten Monat erreicht habe. Schillernd positioniert sie ihre vermeintlich großen Erfolge als grandios. Sie bringt permanent ihr persönliches Netzwerk ins Spiel, und dass sie alle ihre Ergebnisse nur über ihren perfekt inszenierten Auftritt und ihr Styling erreicht habe. Sie erklärt, dass ohne diese Selbstinszenierungen die Firma keine so grandiosen Erfolge erzielen könne, wie sie es tut. Damit beginnt sie, Ihren Erfolg zu schmälern, und merkt gar nicht, dass Sie zahlen- und faktenmäßig mehr aufzuweisen haben. Sie beißen sich auf die Zunge, denn Sie wissen ganz genau: Wenn Sie Frau Müller jetzt auf die nackten Tatsachen hinweisen, wird sie sich verteidigen und alles artet in eine langwierige und sinnlose Diskussion aus. Deshalb schweigen Sie weiterhin, warten bis das Meeting vorbei ist und hoffen, dass Ihre Vorgesetzten die Blendung von Frau Müller genauso einzuordnen wissen wie Sie.

Oft ist es schwer, ständige Protzerei zu ignorieren, da dieses Verhalten dem Gegenüber das Gefühl gibt, klein und nichtig zu sein. Deshalb macht es Sinn, das Grundbedürfnis nach Bewunderung und Anerkennung zu respektieren, auch wenn das in der Situation oft nicht leicht ist. Treten Sie einen Schritt zurück und betrachten Sie das Gesamtbild, das hinter dem Verhalten steht: Der Blender prahlt ja nicht, um Sie zu belästigen, sondern weil er keine anderen Alternativen hat, mit anderen in Kontakt zu treten und Anerkennung zu bekommen. Das bedeutet, in jedem Kontakt wird sichtbar, dass Prahlerei die einzige Möglichkeit ist, sich im Miteinander wohlzufühlen. Wenn Sie sein Anliegen ignorieren oder boykottieren, schaffen Sie sich einen Feind. Aber nicht, weil er die Feindschaft liebt, sondern weil er niemals verstehen wird, weshalb Sie ihn als Person ablehnen. Auch wenn Sie dem Blender erklären, dass Sie nichts von seinen Statussymbolen halten oder die nicht den Wert haben, die er ihnen beimisst, wird er es nicht nachempfinden können. Es ist zielführend, sein Grundbedürfnis zu akzeptieren und ihn mit „Ich habe Ihr Ergebnis wahrgenommen“ anzuerkennen. Diese Form der Anerkennung ist nicht zu verwechseln mit Heuchelei. Heuchelei wäre, Bewunderung für ihn auszusprechen. Selbst dann, wenn Sie diese nicht empfinden.

Blender im Familien- und Freundeskreis

Als Ralf seine Freundin Michaela kennenlernte, ist ihm niemals aufgefallen, dass Michaela im Freundes- und Familienkreis protzt und angibt, was das Zeug hält. Er war so verliebt, dass er in Michaela nur positive Eigenschaften sehen konnte. Über die Jahre des Zusammenlebens fiel ihm die Angeberei von Michaela immer mehr auf. Vor allem an den Gesichtern seiner Freunde, die Michaela noch nicht so lange kannten, konnte er immer häufiger ablesen, dass sie der Blenderei von Michaela zunehmend überdrüssig wurden. Ralf versuchte sehr liebevoll, Michaela auf dieses Verhalten aufmerksam zu machen, aber eine Verhaltensänderung konnte er niemals erzielen. Schließlich war für Michaela in ihrer eigenen Welt dies ja nichts Schlimmes.

Blender zu ignorieren oder zu kritisieren, führt auch im familiären und im Freundeskreis nicht zum Erfolg. Es ist sinnvoll, sich auf die Tatsache einzulassen, dass bei Blendern Selbstinszenierung eine bedeutende Rolle spielt. Reagieren

Sie mit sachlichen, rein feststellenden Bemerkungen. Sie brauchen nicht mehr und nicht weniger auf seine Botschaften und Inhalte eingehen. Vermitteln Sie ihm oder ihr das Gefühl: „Ich habe dich wahrgenommen und ich habe deine Botschaft wahrgenommen.“ Dort, wo Sie das Gefühl haben, dass diese Person zu Recht stolz sein kann, schenken Sie ihr echte Anerkennung.

Erwarten Sie nicht zu viel an tiefgründiger zwischenmenschlicher Auseinandersetzung. Diese müssen Sie sich mit einem Blender in vielen Auseinandersetzungen erarbeiten. Gelingen wird dies nur, wenn die Person bereit ist, sich auf Sie einzulassen. Versuchen Sie, sich auf die liebevollen und oft hilfsbereiten Seiten von Blendern zu fokussieren. Blender können gerade über ihr Netzwerk oder ihre ausgewählten materiellen Güter behilflich sein. Wenn Sie zum Beispiel jemanden oder etwas benötigen, so sind Blender meist rasch zur Hilfe und werden Ihnen gerne Telefonnummern weitergeben oder Ihnen sagen, wo Sie ausgewählte materielle Güter erstehen können.

Der konstruktive Umgang mit Blendern

Wenn Sie auf einem Ihrer Gartenfeste Menschen wie Peter Fritz antreffen, könnten Sie seinen Redeschwall folgendermaßen kanalisieren:

„Peter, wir anerkennen alle deine Erfolgsgeschichten. Es ist schön für dich, dass du so ein Netzwerk und solche Chancen im Leben hast. Ich würde jetzt mit dir gerne über die Neubepflanzung meines Gartens reden.“

Damit vermitteln Sie folgendes Statement:

- Ich anerkenne dein Bedürfnis nach Anerkennung und Bewunderung.
- Ich möchte mit dir über Themen reden, in denen wir gleichgestellt sind.

In einer Situation, in der Kollegen wie Frau Müller sich zum Star inszenieren und Sie und Ihre Leistungen schmälern, ist es am sinnvollsten, in einem Vieraugengespräch zu bemerken:

„Frau Müller, ich habe in diesem Meeting wieder einmal erkannt, dass Sie eine gute Netzwerkerin sind und Ihre Ergebnisse sehr gut darstellen können. Ich würde mich freuen, wenn Sie künftig die Ergebnisse anderer Kollegen ebenso als großartige Erfolge bestehen lassen."

Damit geben Sie folgendes Statement:

- Ich anerkenne Ihre Fähigkeiten und Leistungen.
- Ich wünsche mir, dass Sie meine Fähigkeiten und Leistungen anerkennen und nicht schmälern.

Checklist im Umgang mit Blendern

- ☒ Erkennen Sie die Ursache des Blenders: Blender verhalten sich nicht so, weil sie Sie quälen wollen, sondern weil sie selbst unter Druck stehen. Sie wollen ihre eigene Person unter Beweis stellen und sind auf der Suche nach ständiger Anerkennung und Bewunderung.
- ☒ Distanzieren Sie sich: Nehmen Sie die Profilierungsstrategien nicht persönlich, selbst dann nicht, wenn deren Wirkung Sie unbedeutender erscheinen lässt.
- ☒ Bleiben Sie sachlich: Signalisieren Sie, dass Sie das spezielle Bedürfnis nach Anerkennung akzeptieren. Teilen Sie das sachlich mit. Vermeiden Sie heuchlerische Zustimmungen.
- ☒ Grenzen Sie sich ab: Bleiben Sie bei Ihren eigenen Wahrnehmungen, Zielen und Bedürfnissen. Teilen Sie diese auch mit.

Die Machtmenschen

Werner hat sich auf der Karriereleiter weit nach oben gearbeitet. Am Weg dorthin hat er vielfach Ellenbogentechnik eingesetzt. Mit seiner besonderen Fähigkeit, seinen eigenen Willen auch gegen den Widerstand anderer durchzusetzen, hat er im Laufe der Zeit viele frustrierte Kollegen zurückgelassen. Strategien wie Informationszurückhaltung, Fehlinformationen bewusst einzusetzen bzw. Mitarbeiter durch gezielte Abnahme ihrer Ergebnisse zu schmälern und sich dadurch zu profilieren, gehören zu seinem täglichen Repertoire. Werner hat in seinem Berufsalltag niemals davor zurückgeschreckt, andere bewusst zurückzudrängen, um zu gewinnen und seine Ziele zu erreichen. Dabei hat er sich nicht in die Karten schauen lassen, seine wahren Absichten, die er mit seinem Vorgehen verfolgte, hielt er stets verdeckt. Rücksichtslosigkeit gehörte zu seinen Gewohnheiten. Den Begriff Gerechtigkeit kennt er nur vom Hörensagen. Als sein Mitarbeiter Harald ihn ausnahmsweise einmal um Hilfe bittet, erwidert er: *„Ich brauche die Zeit für meine Vorhaben und ich glaube, du kannst deines auch für dich alleine erledigen."*

Menschen wie Werner haben kein Fingerspitzengefühl im Umgang mit anderen. Ganz im Gegenteil. Selbstbewusstes und forderndes Verhalten von anderen ist ihnen nicht angenehm. Sie wollen niemanden an ihrer Seite, der ihre Mächtigkeit infrage stellt. Ganz im Gegenteil, sie wollen ihre eigenen Vorstellungen und ihren eigenen Willen anderen aufzwingen. Dabei haben sie oft aufgehört, anderen Mitmenschen zuzuhören und auf deren Interessen einzugehen. Mit Kritik können sie nichts anfangen. Sie werden alles dahingehend tun, um sich mächtig zu fühlen.

Bei Machtansprüchen, in dieser Extremposition wie oben beschrieben, ist jede Kampftechnik recht, auch Korruption und Intrige werden eingesetzt. Persönliche Angriffe sind durchaus persönlich gemeint. Meist wird als Grund „Gerechtigkeit" vorgeschoben. Der Psychologe Kai Sassenberg vom Tübinger Leibniz-Institut für Wissensmedizin bezeichnet Machtmenschen als jene, die mehr Kontrolle über eine andere Person haben als diese über sich selbst. Er unterscheidet auch zwischen dem Streben nach Erfolg und Sicherheit. Machtmenschen streben in hohem Ausmaß nach Erfolg, da diese aufgrund ihrer mentalen Prägungen einfacher mit Stress umgehen können. Sie suchen weniger die Sicherheit und das ermöglicht ihnen viel mehr Chancen, die eigenen Ziele zu erreichen, selbst wenn sie es anderen dabei schwer machen. Machtmenschen im negativen Sinne brauchen stets Kontrolle über das Geschehen und über Personen. Überraschungen und Spontaneität sind ihnen häufig ein Dorn im Auge. Ihr Ziel ist es, ihr Umfeld nach eigenen Maßstäben zu formen. Dabei stellen sie ihre Wünsche oft als Regeln und Normen auf.

Grundlegend liegt in der Macht und im Streben nach Macht auch etwas Positives. Denn in unserer Gesellschaft brauchen wir zielstrebige, durchsetzungsstarke Menschen, um uns weiterzuentwickeln. Natürliches Machtstreben ist prinzipiell etwas sehr Menschliches. Es ist ein wesentliches Motiv, um persönliche Ziele zu verwirklichen. Vor allem dann, wenn die eigene Kraft dafür nicht ausreicht und Kräfte gebündelt werden müssen. Ohne ein gewisses Machtstreben sind bestimmte Positionen nicht zu erreichen, da Kompetenz allein oft nicht weiterhilft.

Abraham Lincoln brachte die unterschiedliche Handhabung von Macht sehr gut auf den Punkt, indem er sagte: *„Gib einem Menschen Macht und du erkennst seinen wah-*

ren Charakter.“ Wichtig in der positiven Handhabung von Macht ist, dass ethische und moralische Grenzen nicht überschritten werden. Eigenschaften wie Entschlossenheit, Willensstärke und Hartnäckigkeit sind dienliche Charakterzüge. Positiver Machtgebrauch bedeutet stets Weiterentwicklung. Zwischen Machtgebrauch und Machtmissbrauch verläuft allerdings oftmals ein sehr schmaler Grat.

Wie Machtmenschen wurden, wie sie sind

Machthungrige Menschen haben bereits in frühkindlichen Entwicklungsstadien gut gelernt, gezielt Manipulationsstrategien einzusetzen. Grundlage dafür ist, dass Strategien wie „*Wenn ich nur ausreichend laut schreie, bekomme ich, was ich will*“ oder „*Wenn ich ausreichend quengle, trotze oder weine, erreiche ich meine Wünsche*“ gewirkt haben. Es wurden ihnen zu selten von außen die Grenzen für ihr Tun oder ihre Wünsche aufgezeigt. Sei es, weil die Umgebung mit den massiven Forderungsstrategien überfordert war, oder weil Grenzziehungen, im Sinne von „Dein Wille herrscht nicht über mich oder uns alle“, als unbedeutend für die Entwicklung erachtet wurden. Oftmals handelt es sich dabei um falsch gelebte Fürsorge im Sinne einer aufopfernden Fürsorge. Völlige Aufopferung bedeutet für das Gegenüber immer ein grenzenloses Feld, in dem die notwendige Klarheit eines konstruktiven Zusammenseins fehlt. Konstruktive Fürsorge als Bindeglied ist daher immer zu unterscheiden von grenzenloser Aufopferung.

Auch durch andere Verhaltensweisen wie zum Beispiel gezieltes, strategisches Lächeln oder Leistung haben diese Kinder sich Zuwendung, Aufmerksamkeit oder Lob eingeholt. Dieser Typus hat gut gelernt, wie er sein Umfeld für seine Ziele einsetzen kann. In einem Ausmaß, dass die eigenen Ziele über den Zielen der anderen stehen. Die soziale Erfahrung, sich zugunsten gemeinsamer Ziele oder aus Rücksichtnahme anderen gegenüber einzuordnen, fehlt. Die Kinder erlebten früh ein Gefühl von Macht über ihre Umgebung und die Gestaltung ihrer Wünsche. Soziale Werte wie Rücksichtnahme und Hilfsbereitschaft stellten dabei keine Priorität dar. Auch in der Schule zeigten sie sich meist ehrgeizig. Siegen und gute Leistungen zu erbringen, war ihnen stets wichtiger, als Freundschaften zu pflegen. Oftmals ist der schulische Ehrgeiz mit sportlichem Ehrgeiz gekoppelt. Diese Kinder haben zugunsten ihrer Zielerreichung gelernt, ihre Gefühle zu kontrollieren. Denn durch das Ausspielen von Strategien kamen sie meist zu einem bestmöglichen Erfolg. Das heißt, Strategien stehen über den Gefühlen. Durch diese Erfahrungen wurden sie rasch konditioniert. Sie errangen die Überzeugung, durch Gefühlskontrolle strategisch handeln und Ziele besser erreichen zu können. Zum Beispiel: „Wenn ich immer wieder nachfrage und nicht damit aufhöre, dann erreiche ich mein Ziel." So hat sich ihre Konditionierung, andere zu manipulieren, stark ausgebildet.

Machtmenschen in der Berufswelt

Wenn Ihr Kollege machthungrig ist, wie Werner im einleitenden Beispiel, können Sie davon ausgehen, dass er Karriere machen will und er dafür alle Möglichkeiten nutzen wird. Wichtig ist, dass Sie seine Manipulationen rasch erkennen und sich davor schützen. Auch vor Gedankenklau. Er wird alles unternehmen, um sich nach außen gut zu positionieren. Eigene Fehler wird er Ihnen gerne zuspielen, wenn es möglich ist. Deshalb ist es ratsam, ihn stets gut zu beobachten und klare Grenzen zu stecken. Geben Sie ihm nie das Gefühl, dass Sie ihm unterlegen sind. Damit würde er sein Machtspiel nur ausweiten und Sie ausnutzen. Positionieren Sie stets Ihren Anteil oder Ihre Leistungen. Grenzen Sie sich gut ab und geben Sie Ihre Informationen nur gezielt und bewusst weiter.

Wenn ein Machtmensch Ihr Chef ist, was sehr häufig vorkommt, da viele Menschen dieses Typus gute Positionen anstreben, achten Sie darauf, sich nicht zu duellieren. Er oder sie will sich immer als Sieger fühlen und selbst, wenn Sie bessere Ideen oder Strategien erarbeitet haben, als er im Moment zur Verfügung hat, sollten Sie ihm diese nicht direkt unterjubeln, sondern im eigenen Interesse diplomatisch positionieren. Als Machtmensch wird er Ihnen stets zeigen, dass er mächtig ist und dass Sie an seiner Macht nicht zu kratzen brauchen. Stehen Sie zu Ihren Stärken und Kompetenzen. Formulieren Sie klar, aber seien Sie sich immer bewusst, dass neben einem Machtmenschen Ihre Ziele auf jeden Fall an zweiter Stelle stehen.

Machtmenschen im Familien- und Freundeskreis

Familie Geier wohnt in einem sehr schönen, modernen Haus. Die Familie besteht aus zwei pubertierenden Kindern und den Eltern. Vater Jakob ist beruflich seit vielen Jahren höchst erfolgreich und auch sehr stolz darauf. Die restliche Familie ist daran gewöhnt, ihre Bedürfnisse denen des Vaters unterzuordnen. Jakobs Sozialleben zeigt sehr geringe Ausmaße. Er hat nur einen kleinen Freundeskreis. Dazu zählen zwei Schulfreunde, die sich ebenfalls erfolgreich entwickelt haben. Susanne ist eine unterwürfige, liebenswürdige und fürsorgliche Frau und Mutter. Sie hat ihr Leben gänzlich nach dem ihres Mannes ausgerichtet und findet ihre Erfüllung darin, sowohl die Bedürfnisse ihres Gatten als auch die Bedürfnisse der Kinder zu erfüllen. Jakob ist in seiner ganzen Art und Weise oft unangenehm für die Familie. In seiner dominanten Art fährt er immer wieder über die Familienmitglieder und demonstriert: *„Ich bin der Herr im Hause und habe das Sagen."*

Durch die Pubertät der Kinder wird die Situation verschärft. Denn diese wollen ihre eigenen Bedürfnisse durchsetzen und damit kann Jakob nur schlecht umgehen. *„Was bildet ihr euch ein. Ich habe gesagt, wir fahren am Wochenende an den See zum Segeln, und mir ist es egal, ob ihr mit euren Freunden zusammen sein wollt oder nicht. Solange ihr in meinem Haus lebt, habt ihr euch ein- und unterzuordnen. Ich habe das Sagen und nicht ihr.“* Aussagen solcher Art kommen sehr häufig vor und Jakob ist es wichtig, dass seine Anliegen und Ziele gelebt werden. Dabei will er nur wenig Rücksicht auf die anderen nehmen. Er rechtfertigt dies mit der Tatsache, dass er für die Familie sorgt. Aber es ist ganz egal, womit er es rechtfertigt, er findet immer einen Grund, seine Anliegen vor die der Familie zu stellen.

Solcheine Anspruchshaltung führt immer wieder zu Konflikten. Erwachsene Menschen oder Heranwachsende wollen sich auf Augenhöhe begegnen und eine Beziehung führen, die auf Hinwendung, aber auch auf Autonomie beruht. Wenn eigene Bedürfnisse wiederholt überrollt werden, kommt es unweigerlich entweder zu Eskalationen oder Machtspielen, in denen es einen Gewinner und einen Verlierer gibt. Beides ist langfristig ungünstig. Denn es birgt die Gefahr, dass ständige Verlierer die Beziehung verlassen.

Der konstruktive Umgang mit Machtmenschen

Da es keinen Sinn macht, den Machtanspruch eines Machtmenschen infrage zu stellen, ist es sinnvoll, gemeinsame Lösungswege zu fokussieren. Dabei kann es gut möglich sein, dass Sie den Machtmenschen vor den Kopf stoßen, denn er wird für seine Ziele kämpfen. Wichtig ist es, den Groll des Machtmenschen auszuhalten. Wenn Sie dem nicht standhalten, bleiben Sie in der unterlegenen Position.

Im oben genannten Beispiel könnten die Kinder Folgendes entgegnen:

„Vater, wir verstehen, dass du heute segeln gehen willst. Wir wollen dir gar nicht im Weg stehen. Für uns ist es wichtig, unsere Freunde zu sehen, weil wir Teil der Clique bleiben möchten. Gerne gehen wir ein anderes Mal mit dir segeln. Dann haben wir alle Spaß daran. Heute ist es uns wichtig, an der Geburtstagsfeier von Helene teilzunehmen, und wir werden dort auch hingehen."

Mit einer Aussage in diese Richtung vermitteln die Kinder:

- Wir anerkennen dein Bedürfnis und nehmen es auch ernst.
- Wir haben ebenfalls wichtige Bedürfnisse und möchten diese genauso leben.
- Selbst wenn du damit unzufrieden bist, werden wir unsere Ziele zur Umsetzung bringen.
- Wir achten deinen Wunsch und werden diesen auch zur Umsetzung bringen.

Im Falle des eingangs erwähnten Beispiels mit dem machthungrigen Werner könnten Sie als Mitarbeiter zu ihm sagen:

„Ich verstehe, dass du Zeit für deine Anliegen brauchst, und ich möchte das gar nicht infrage stellen. Ich glaube aber, dass du mir und damit der Abteilung wichtige Hilfe liefern könntest. Dies kommt ja letztlich wieder dir zugute. Bedenke, dass ich nicht gegen dich, sondern mit dir arbeiten möchte."

Auf diese Weise vermitteln Sie Ihrem Kollegen Folgendes:

- Ich anerkenne deine eigenen Ziele und die Tatsache, dass du diese verfolgst.
- Ich möchte dich mit meinem Vorhaben nicht infrage stellen oder mit dir konkurrieren.
- Deine Hilfe an meinem Vorhaben kommt auch dir zugute.

Checklist im Umgang mit Machtmenschen

- ☒ Erkennen Sie die Manipulation: Machtmenschen haben sehr direkte, aber auch verdeckte Manipulationsstrategien. Ziel ihres Verhaltens ist es immer, ihre eigenen Ziele durchzusetzen.
- ☒ Grenzen Sie sich ab: Sprechen Sie die Manipulationsstrategien direkt an. Nur durch klares Abgrenzen können Sie neben einem Machtmenschen Ihre eigenen Ziele zur Umsetzung bringen.
- ☒ Vermeiden Sie Konkurrenzverhalten, positionieren Sie sich: Duellieren Sie sich nicht mit Machtmenschen. Geschickter ist es, sich in Ihrer Einzigartigkeit zu positionieren.
- ☒ Zeigen Sie Stärke: Auch wenn ein Machtmensch alles versuchen wird, zu siegen oder Sie zu beherrschen, bleiben Sie beharrlich und geben Sie nicht auf, Ihre eigenen Interessen und Ziele zu verfolgen.

Die Choleriker

Wer kennt sie nicht, diese leicht erregbaren, zu Wutanfällen neigenden Menschen?

„Was macht ihr denn da! Seid ihr vollkommen verrückt? Ihr seid ja total daneben! Wie könnt ihr nur mit diesen Ästen den Wanderweg blockieren und die Steine auf dem Weg verteilen? Das ist ja völlig kopflos! Denkt ihr denn gar nicht mit? Seid ihr völlig bescheuert? Habt ihr gar nichts mehr im Kopf? Das gibt es ja nicht! Ihr seid alt genug, dass ich von euch intelligentes Handeln erwarten kann! Das, was ihr macht, ist dumm! Das braucht niemand und ist vollkommen abwegig. Ich bin maximal enttäuscht von euch. Ich will nichts mehr von euch hören! Bringt das sofort in Ordnung!"

Traude ist gerade ziemlich ausgerastet, sie schreit ihre Kinder in lautem Tonfall und unkontrolliert an. Ihr Verhalten wirkt zerstörerisch und zermürbend. Die Kinder stehen wie erstarrt vor ihr und sind sehr irritiert, sogar ziemlich verängstigt. Schließlich haben sie in spielerischer Form ein paar Äste an den Wegrand gelegt und mit Steinen versucht, Spuren zu legen. Niemand war sich irgendeiner Schuld oder Wegblockade bewusst. Auch Sie und Ihre Freunde finden Traudes Reaktion völlig übertrieben. Sie können sich nicht erklären, was in ihr vorgeht, um die Kinder so zu verschrecken, einzuschüchtern und in dieser überzogenen Form zurechtzuweisen. Doch niemand von den Erwachsenen reagiert auf Traude, denn jeder hat das Gefühl, es könnte ein weiterer Wutausbruch folgen. Eine halbe Stunde nach der Situation geht Traude leise zu den Kindern und entschuldigt sich für ihr irritierendes Verhalten: „*Es tut mir leid, liebe Kinder, ich habe das nicht so gemeint. Ich hatte nur Bedenken, dass euer Tun unachtsame Wanderer zum Stolpern bringt. Ihr habt nichts falsch gemacht, ich habe nur übertrieben reagiert. Es tut mir sehr leid, ich werde euch als Entschuldigung bei der Jausenstation ein Eis kaufen.*“

Die Anlässe für Wutanfälle solcher Art sind oft banal. Nach langem innerem Brodeln entladen sich aufgestaute Emotionen in einem heftigen und plötzlichen Ausbruch wie bei einem Choleriker. Im Anschluss an solche Attacken entsteht beim Menschentypus „Choleriker“ ein Schamgefühl und eine große Betroffenheit darüber, Mitmenschen verschreckt, eingeschüchtert oder verletzt zu haben. Ist der Ausbruch vorbei, haben diese Menschen sehr oft Mitleid mit ihren Opfern und überbringen sogar Geschenke, um es wiedergutzumachen. Aber damit ist die Sache dann auch erledigt. Weitere Ausbrüche sind aufgrund des psychischen Korsetts der Betroffenen vorprogrammiert.

Im Moment der Gefühlsentladung hat Logik keinen Platz. Alles wird von der Emotion dominiert, die Gefühle laufen über und können in diesem Moment nicht gesteuert werden. Dieser Mensch ist in diesen Situationen innerlich wie ein „Stier in der Arena, der das rote Tuch sieht“. Der ganze Körper ist unter Anspannung, alles wird extrem sensibel wahrgenommen und blitzschnell wird reagiert. Die Außenwelt nimmt allerdings weder ein rotes Tuch noch eine Arena wahr und kann deshalb das Verhalten nicht einordnen.

Selbst die Betroffenen können die Auslöser nicht vorhersehen. Diese sind oft sehr banal und dienen dazu, längere Zeit unterdrückte negative Emotionen an die Oberfläche zu bringen. Dabei haben diese negativen Emotionen nichts mit der Wutsituation zu tun. Auslöser, die eine Wutsituation herbeiführen, sind oft nur kleine Abweichungen, die üblicherweise sonst toleriert werden. Aufgrund von bereits im Vorfeld angestauten Emotionen ist allerdings die situative Frustrationsgrenze so gering, dass Nichtigkeiten eben zu Wutanfällen führen.

Hintergrund für so eine Dynamik ist, dass wir in unserem Alltagsleben immer wieder banale oder intensivere Stresssituationen erleben. Wenn in unserem Umgang mit Stresssituationen oder Schwierigkeiten ungelöste Themen in uns zurückbleiben, bleibt immer auch ein Ausmaß an Stress in uns zurück. Sei es im Bewusstsein oder im Unterbewusstsein. Wenn wir eine Ansammlung an ungelöstem Stress in uns tragen, kommen wir mit jedem zusätzlichen Stressereignis an unsere individuelle Grenze der Belastbarkeit. Wenn diese Grenze erreicht ist, kommt es zu sogenannten Überreaktionen. Diese weisen auf einen zu hohen Stressstau in unserem Inneren hin. Die Art und Weise der Überreaktion ist abhängig vom Persönlichkeitstypus und kann von Gefühlsausbrüchen und Schlafstörungen bis hin zu schwerwiegenden Symptomen reichen. Ihre individuelle Belastbarkeitsgrenze ist wie ein Staudamm. Eine Wand, die eine bestimmte Wassermenge halten kann. Wenn das Wasser aber zu hoch wird, wird es üblicherweise abgelassen. Wenn das Abrinnen nicht ermöglicht wird, bricht der Staudamm und es kommt zu einer unkontrollierten Wasserentladung.

Im Allgemeinen sind Choleriker sehr umgängliche Persönlichkeiten. Sie tragen viele positive Eigenschaften in sich, wie Großzügigkeit, hohe Willens- und Antriebsstärke. Dieser Typus mag es, in Bewegung zu sein, braucht die Abwechslung und probiert viel aus. Er konzentriert sich mehr auf das große Ganze, übernimmt sehr gerne Verantwortung, kämpft für sein Ziel und ist äußerst zielstrebig. Da diese Menschen besonders energiegeladen sind, setzen sie sich oftmals mit Eifer für andere ein. Humor und Geselligkeit kennzeichnen sie häufig. Beruflich sind sie meist ehrgeizig, können andere überzeugen und mitreißen. Sie finden sich deshalb in Positionen mit Führungsverantwortung. Einzig und allein ihre Wutausbrüche und damit verbundene Beleidigungen machen sie immer wieder zu herausfordernden Persönlichkeiten. Je nach Veranlagung kommen die Gegenüber mehr oder weniger gut mit ihnen zurecht. Gelassene Menschen haben einen leichteren und besseren Umgang mit ihnen. Diejenigen, die rasch erkannt haben, dass der Jähzorn bzw. die Entladung nichts mit der jeweiligen Situation und der eigenen Person zu tun hat, können den Jähzorn gut wegstecken. Menschen, die diese Anfälle persönlich nehmen und das in der Situation Gesagte als Angriff sehen, werden stark irritiert. Diese Menschen ziehen sich dann meist von Cholerikern zurück, da diese Unberechenbarkeit in deren Verhalten sie zu sehr verunsichert. Die Unberechenbarkeit ist auch jener Aspekt, der selbst die wohlwollende Umgebung dieses Typus immer wieder vor den Kopf stößt. Es kann ja niemand erahnen, wie viel negative Emotionen der Choleriker bereits in sich gestaut hat, und aus einer sehr entspannten Atmosphäre kann in Blitzesschnelle ein tobendes Gewitter aufziehen.

Wie Choleriker wurden, wie sie sind

Dieser Typus ist als einziger der Genannten in seinen Reaktionsweisen sehr durch seine genetische Veranlagung geprägt. Psychologen sprechen von kinästhetischen Typen, die eine starke Tiefensensibilität in sich haben. Es sind Menschen, die von ihrer genetischen Ausstattung her besonders gefühlsbetont wahrnehmen und mit allen Sinnen reagieren. Dieses Reagieren bedeutet, dass sie vielfach ihren Gefühlen freien Lauf lassen und ihnen keinen Filter vorschieben. Wenn dieser Filter nicht durch grenzensetzendes Erziehungsverhalten trainiert wird, kommt es immer wieder zu abrupten Gefühlsentladungen bei einem zu hohen Stresslevel (der Staudamm bricht massiv).

Bereits in der frühkindlichen Entwicklung war die Umgebung mit diesen starken Gefühlsausbrüchen oftmals überfordert. Denn cholerisch veranlagte Menschen spüren und entladen ihre Gefühle intensiv. Wenn Sie trotzende Kinder beobachten, sehen Sie, dass ein cholerisch veranlagtes Kind um ein Vielfaches massiver auftritt. Es gibt Kinder, die trotzen so stark, dass sie sich bei Wunschverweigerung so in ihr vermeintliches emotionales Leid verfangen, dass sie schreien und toben, bis sie im Gesicht blau anlaufen oder fast am Ersticken sind. Diese körperlichen Begleiterscheinungen der emotionalen Reaktion stellen die Außenwelt vor eine große Herausforderung. Wenn die Umgebung aus Betroffenheit nachgibt, können die Kinder nicht lernen, dass sie ihre Gefühlsausbrüche kontrollieren und alternative Ausdrucksformen erlernen müssen. Die Kinder verinnerlichen durch die hilflose Reaktion ihrer Umgebung ihre starken Ausbrüche. Diese Verhaltensstrategie wird dadurch sogar oftmals verstärkt. Denn die extremen Gefühlsausbrüche, mit denen die Bezugspersonen nicht umzugehen wussten, bewirkten natürlich in der Umgebung besondere Aufmerksamkeit und fürsorgliche Reaktionen. Somit haben sie Legitimität erhalten.

Zusätzlich kommt es bei ausgeprägten Cholerikern vor, dass diese als Kind meist nicht gelernt haben, negative Emotionen unmittelbar und adäquat zum Ausdruck zu bringen. Negative Emotionen wurden vielfach entweder bagatellisiert oder unterdrückt. Deshalb hat die Unterdrückung von Stress eine entsprechende Lerngeschichte und wird dann typentsprechend als Entladung zum Ausdruck gebracht.

Wenn negative Erlebnisse und Emotionen zu lange geschluckt und im Inneren gestaut werden, suchen sie sich Ventile. Bei einer kinästhetischen Veranlagung, in der Gefühle sehr stark wahrgenommen werden, kommt es oftmals rascher zum unvorhersehbaren Überschwappen der Emotionen. Die Auslöser sind, wie oben erwähnt, gewöhnlich sehr banal und haben mit den dahinterliegenden Emotionen meist nichts zu tun. Dieser Typus mit seinen exzentrischen Reaktionsmustern zeigt sehr deutlich auf, wie wichtig bewusste, regelmäßige Stressverarbeitung ist. Sei es über zwischenmenschlichen Austausch oder Reflexions- und Lösungsstrategien.

Selbst wenn im Erwachsenenalter die Erkenntnis gewonnen wurde, dass diese Strategie der Gefühlsverarbeitung nicht zielführend ist, wird es als sehr schwierig erlebt, ein Kontrollsystem zu entwickeln oder einen Filter vorzulegen. Meist sind es dramatische Konsequenzen, die aufgrund von Jähzorn-Anfällen produziert wurden. Werden niemals dramatische Konsequenzen erlebt, wird das Verhalten meist beibehalten.

Choleriker in der Berufswelt

„Frau Meyer, kommen Sie sofort zu mir ins Zimmer! Das, was ich gerade gesehen habe, ist das Letzte! Ihr Sitzungsprotokoll ist zum Wegschmeißen! Was haben Sie sich dabei nur gedacht? Weder der Inhalt noch die Form sind passend und entsprechen in keiner Weise professionellem Vorgehen. Nun sind Sie schon seit so vielen Jahren bei uns in der Firma und haben noch immer nicht verstanden, was uns hier wichtig ist. Wenn Sie mich provozieren wollen, dann machen Sie das direkt, aber nicht indem Sie mir so ein Protokoll vorlegen! Glauben Sie wirklich, dass ich so etwas toleriere? Ich könnte ja jetzt fast glauben, Sie sind …"

Ihre Chefin Frau Kramer steht wutentbrannt vor Ihnen, tobt, ihr Gesicht ist rot angelaufen und Sie spüren, dass sie innerlich vor Zorn überquillt. Sie ist außer Rand und Band.

Sie haben zwei Möglichkeiten, mit dieser Situation umzugehen. Entweder nehmen Sie ihren Wutanfall und das, was sie gerade zu Ihnen gesagt hat, nicht persönlich und interpretieren, dass bei ihr gerade irgendetwas oder irgendjemand maximalen Ärger verursacht. Oder Sie interpretieren es gegen sich. Dann allerdings wäre es zielführend, sie erst einmal abkühlen zu lassen und nach ein bis zwei Stunden ein klärendes Gespräch zu suchen. In diesem teilen Sie ihr mit, dass diese Form des Miteinanders für Sie sehr zermürbend ist. Dies birgt allerdings das Risiko in sich, dass zu irgendeinem anderen Zeitpunkt Frau Kramer dasselbe Verhalten zeigt. Weil sie es nicht schafft, auf ihre Aufforderung zu reagieren. Sie sind dann allerdings aufgefordert, sich zu fragen, ob Sie sich das gefallen lassen wollen. Aus diesem Grund ist die Strategie, sich gezielt abzugrenzen und es nicht persönlich zu nehmen, die vielversprechendere. Aus den vielen Erzählungen in meiner Coachingpraxis habe ich die Erkenntnis gewonnen, dass Distanzierungsstrategien immer wieder von Neuem geübt und aufgebaut werden müssen. Wenn Sie innere Distanzierung nur ab und zu anwenden, dann kippen Sie viel zu oft in das System Ihres Gegenübers mit hinein. Wenn Sie allerdings immer wieder achtsam beobachten und sich fragen, was das Verhalten mit Ihnen zu tun hat und was nicht, kann diese Distanzierung zu einem Automatismus werden, der Ihnen Ihr zwischenmenschliches Leben um ein Vielfaches erleichtert.

Choleriker im Familien- und Freundeskreis

Choleriker werden meist als sehr gesellig, fürsorglich und mitreißend erlebt, solange es nicht zu einem Ausbruch kommt. Deshalb sind viele Menschen ihnen gegenüber auch dann tolerant, wenn es zu den Wutanfällen kommt. Der Wutanfall dauert ja meist nur ein paar Minuten, der „emotional Ausgebrochene“ entschuldigt sich im Anschluss oftmals und alles ist wieder gut. Nur dann, wenn während des Wutanfalles direkte Beleidigungen ausgesprochen werden, kann es zu weitreichenden Konflikten kommen.

Zielführend für das Umfeld ist, den Angriff nicht persönlich zu nehmen und diesen zurückzuweisen. Sätze wie „Reg dich nicht so auf“ oder „Beruhige dich erstmal“ sind in diesen Situationen wie Öl ins Feuer zu gießen, denn der Choleriker regt sich eben jetzt gerade auf. Sobald Sie allerdings spüren, dass die eigenen Emotionen ins Negative kippen, ist es sinnvoll, sich deutlich abzugrenzen. Sie können eine Situation einfach verlassen, indem Sie z.B. sagen: *„Das ist gerade eine sehr emotionale Situation. Ich würde gerne zu einem anderen Zeitpunkt weiterreden. Bitte können wir das Gespräch jetzt beenden“* oder durch einen Hinweis, dass Sie die Situation als entwürdigend empfinden: *„Ich fühle mich durch das Gespräch sehr angegriffen, kann diesen Angriff jetzt nicht nachvollziehen und bitte dich, diese Form des Gesprächs zu beenden.“*

Wichtig ist, dass Sie niemals in die Dynamik einsteigen und eventuell zurückschreien. Denn dadurch würde nur eine Situation entstehen, aus der beide unzufrieden aussteigen. Da Choleriker sehr gefühlsgeladen sind, kann es sinnvoll sein, die Wut direkt anzusprechen: *„Ich sehe, du bist verärgert. Was konkret stört dich so sehr?“* Auf die Gefühlssprache können Choleriker meist rasch andocken.

Im zwischenmenschlichen Bereich gibt es dauerhaft kein Optimum. Sie haben es jeweils mit den Stärken und Schwächen Ihres Gegenübers zu tun, so wie mit Ihren eigenen. Auch Kinder lernen, dass niemand optimal ist. Es stellt sich letztlich immer die Frage: Womit kann ich in Summe umgehen und wo passen Schwächen so ganz und gar nicht zu meinem Persönlichkeitstypus?

Der konstruktive Umgang mit Cholerikern

In einer Situation wie der soeben geschilderten lassen Sie den Wutanfall von Frau Kramer abklingen. Das bedeutet, Sie lassen sie erst mal ausreden und gehen mit folgenden Worten ins Gespräch:

„Frau Kramer, ich habe verstanden, dass das Protokoll dieses Mal nicht Ihren Erwartungen entspricht. Ich habe allerdings das Gefühl, dass es hier nicht nur um das Protokoll gegangen ist. Ich bitte Sie, mir immer unmittelbar rückzumelden, was Sie sonst noch an unserer Zusammenarbeit oder in der Organisation irritiert.“

Auf diese Weise vermitteln Sie folgende Botschaften:

- Ich nehme wahr, dass Sie sehr enttäuscht sind.
- Ich bitte Sie, immer gleich zu konkretisieren, was alles für Sie nicht passt, denn nur damit kann die Situation gelöst werden.
- Mir ist ein offenes Miteinander wichtig.

Wie das Beispiel mit Traude, die durch ihren Wutausbruch ihre Kinder erschreckt, aufzeigt, irritieren Choleriker natürlich sehr oft jene Menschen, die sie gut kennen. Ihr unerwartetes, heftiges Reagieren auf Nichtigkeiten erfordert viel Toleranz und Verständnis von ihrer Umgebung. Wenn Menschen allerdings einen schlechten Tag haben, wollen sie sich nicht noch von einem Choleriker zusätzlichen Ärger aufhalsen lassen. Dann kann es schon mal passieren, dass die Umgebung ziemlich heftig reagiert. Das Ergebnis sind Diskussionen und Auseinandersetzungen mit gegenseitigen Beleidigungen und Anschuldigungen. Dabei kann man sich natürlich immer die Frage stellen: „Warum soll ich nachgeben, wenn der doch angefangen hat?“ In diesen Situationen geht es allerdings nicht darum, wer angefangen hat, sondern um eine Veranlagung, gepaart mit einem inadäquaten Reaktionsmuster. Zielführend ist es deshalb, sich klar abzugrenzen oder aber so deutliche Konsequenzen zu setzen, dass der Choleriker aufgefordert wird, sich ein stärkeres Kontrollsystem anzueignen. Dies kann vor allem darauf basieren, regelmäßig negative Emotionen aufzuarbeiten und gar nicht darauf zu warten, bis sie überschwappen. Das bedeutet, es geht darum, einen Lernprozess, der bewusst gestaltet werden muss, in Gang zu setzen.

Im Beispiel der cholerischen Traude könnte ihr Partner ihr folgende Antwort geben:

„Traude, dein Verhalten den Kindern gegenüber ist sehr destruktiv. Die Kinder haben nichts Böses gemacht und sind jetzt nur verschreckt und irritiert. Deshalb möchte ich künftig, dass du darauf achtest, deine überschießenden Emotionen nicht auf andere Menschen abzulassen. Bitte setze dich konkret mit deinem Stress auseinander, damit dies nicht mehr vorkommt."

Auf diese Weise wird dem Tobenden vermittelt:

- Ich habe dein Verhalten beobachtet und bin nicht einverstanden damit.
- Ich möchte künftig ein konstruktives Miteinander und will mich nicht mit deinen destruktiven Verhaltensweisen auseinandersetzen.
- Ich fordere eine Verhaltensveränderung von dir ein.

Einer eingeforderten Verhaltensänderung muss natürlich nicht nachgekommen werden. Oder die Versuche, ihr nachzukommen, schlagen fehl. Aus Hilflosigkeit oder Überforderung. Nicht jeder Partner sucht daraufhin externe Unterstützung. In meinen Betrachtungsweisen und Fallbeispielen gehe ich immer von gewaltlosen und menschenzugewandten Schwächen aus. Aus meiner Erfahrung als Psychologin halte ich es für bedeutend, immer wieder in sich hineinzuhören, wie viel Leidensdruck mir einzelne Verhaltensweisen meines Gegenübers verursachen und ob ich entsprechende Distanzierungsstrategien anwenden kann? Wir sind immer in den Stärken und Schwächen miteinander verhaftet. Im konstruktiven Fall bemühen sich stets beide um ein gelingendes Miteinander.

Checklist für den Umgang mit Cholerikern

- ☒ Sprechen Sie die Wirkung des Verhaltens auf Ihre Gefühle an: Choleriker sind Menschen, die sehr gefühlsbetont sind. Sie haben nur nicht gelernt, ihre negativen Emotionen regelmäßig aufzuarbeiten. Die gefühlsmäßige Sprache verstehen sie sehr gut.
- ☒ Erkennen Sie die Zufälligkeit der cholerischen Reaktion: Wenn cholerische Menschen eine Zeit lang negative Erlebnisse in sich aufgestaut haben, können kleinste Auslöser sie in Wutanfälle bringen. Diese richten sich an jene Personen, die gerade zufällig anwesend sind.
- ☒ Distanzieren Sie sich von cholerischen Anfällen: Da die Wutanfälle meist sehr destruktiv die Umgebung verstören, ist es wichtig, dass sich die Umgebung von Cholerikern innerlich adäquat abgrenzt.
- ☒ Setzen Sie Grenzen: 1. Mental: indem Sie die Attacke nicht persönlich nehmen und sich klarmachen, dass diese meist nichts mit der Situation zu tun hat, sondern nur ein Ventil für bereits länger aufgestaute Emotionen ist. 2. Durch Ihr Verhalten: Machen Sie dem Choleriker deutlich, dass Sie seine Impulsivität nicht tolerieren und von ihm ein anderes, adäquates Verhalten einfordern.

Die Harmoniebedürftigen

Magret ist seit zwei Jahren Leiterin einer großen Abteilung. Sie hat sich mit viel Fleiß und Ehrgeiz dorthin gearbeitet. Sie ist richtig stolz auf sich, denn viele haben daran gezweifelt, dass sie diese Position je erreichen wird. Magret ist stets bemüht, auf die Bedürfnisse und Wünsche ihrer Mitarbeiter und Mitarbeiterinnen einzugehen. Deshalb hält sie sich für eine gute Führungskraft. Hinter dem Rücken von Magret gibt es allerdings folgende Stimmen: *„Unsere neue Chefin ist zwar lieb und nett, aber die ist ja richtiggehend harmoniesüchtig. Die merkt nicht einmal, wie viele Konflikte in unserer Abteilung sind. Selbst wenn wir sie darauf hinweisen, bagatellisiert und harmonisiert sie alles. Dann redet sie noch total nett mit den Querulanten und kriegt gar nicht mit, wie hinter ihrem Rücken die Fäden der anderen gezogen werden. Das ist mühsam mit so einer Chefin! Es wäre viel besser, wenn wir da jemanden hätten, die sich durchsetzen könnte und die Konflikte aufgreift und klärt.“*

Magret ist ein harmoniebedürftiger Typus. Dadurch hat sie ein starkes inneres Bedürfnis nach harmonischen (konfliktfreien) Beziehungen zu anderen Personen. Harmoniebedürftigkeit ist meist mit einer tief verwurzelten Angst gekoppelt, dass eine Beziehung nach einer Auseinandersetzung niemals mehr so unbelastet sein wird, wie sie es davor war. Zusätzlich besteht die Annahme, dass es zu einem Liebes- oder Sympathieverlust kommt, wenn Konflikte ausgetragen werden.

Darin lauert allerdings eine große Gefahr. Nämlich jene, Realitäten verzerrt wahrzunehmen und Fakten wie auch Taten falsch zu interpretieren. Deshalb werden Menschen dieses Typs sehr leicht zum Vorteil anderer ausgenutzt, weil sie ja, um die Harmonie in Beziehungen nicht zu gefährden, vieles in Kauf nehmen. Das zeigt sich darin, dass andere über sie Witze machen können und die Betroffenen dann sogar aus Höflichkeit noch mitlachen. Harmoniebedürftige empfinden Auseinandersetzungen als große emotionale Belastung. Es fehlen ihnen in diesen Momenten Selbstvertrauen und innere Sicherheit. Deshalb wird ihr Selbstwert sofort angekratzt, sobald sie in Konflikte geraten. Sie versuchen stets, mittels Anpassung persönliche Anerkennung zu erwerben. Wenn sie in Situationen Konflikte erkennen und sich maximal unwohl fühlen, beginnen sie mitunter verdeckt aggressiv zu handeln. Sie beschweren sich zum Beispiel hinter dem Rücken von Personen oder streuen sogar Gerüchte. Sätze wie „*Der hat mich ja wieder einmal total überfahren*" oder „*Immer muss sie Recht behalten und mir ihre Meinung aufdrängen*" sind Strategien, um die Schuld für ihr Nichthandeln anderen Personen zuzuschieben.

Nach außen immer um Konsens bestrebt, zeigt sich bei genauerer Betrachtung häufig ein unschöner Zug. Denn viele Harmoniebedürftige neigen dazu, in voller Schärfe und völlig überzogen über Nichtanwesende zu urteilen. Dies ist ihr Ventil für die – oft unbewusst verdrängte – Wut über sich selbst. Nämlich jener Wut, sich aus Angst nicht durchgesetzt zu haben. Erkennen sie eigenes Fehlverhalten, sind sie meist von großem schlechten Gewissen geplagt. Trotz dieser Selbstzweifel gestehen sie sich ihre eigenen Fehler jedoch nur selten ein, ganz im Gegenteil, es besteht die Tendenz, die Umwelt erneut zu verurteilen, um ihren inneren Konflikt zu besänftigen oder aufzulösen.

Dieses Verhalten macht den Umgang mit Harmoniebedürftigen oft unvorhersehbar. Als klassische Ja-Sager und

Mitläufer werden sie unterschätzt. Ihr verdecktes Verhalten trifft die Umwelt ziemlich unerwartet, da diese doch Übereinstimmung angenommen hatte.

In der Psychologie spricht man bei Harmoniebedürftigkeit auch von mangelnder Konfliktfähigkeit oder mangelnder Konfliktkompetenz. Unter diesen Begrifflichkeiten werden der Mut und die Fähigkeit, Konflikte aktiv aufzugreifen und lösungsorientiert zu bewältigen, verstanden. Konstruktive, offene Denk- und Wahrnehmungsprozesse spielen darin große Rollen.

Wie Harmoniebedürftige wurden, wie sie sind

Harmoniebedürftige Menschen stammen aus einem Umfeld, in dem Zurückhaltung gelobt und anerkannt wurde. Wenn das Kind brav und lieb war, bekam es positive Zuwendung. Wenn es allerdings gegen Regeln verstieß, setzte es eine der härtesten Strafen, nämlich Liebesentzug. Beispiele für Aussagen, die diese Entwicklung fördern, sind: *„Wenn du nicht folgst oder dagegen redest, dann haben wir dich nicht lieb"* oder: *„Wenn du aggressiv bist oder deinen Vorteil anstrebst, mögen wir dich nicht."* Das bedeutet, die Kinder haben rasch gelernt, ihre Meinung zurückzuhalten und angepasst zu sein. Konflikte, die in der Familie stets als negativ bewertet wurden, haben sie vermieden. Auch ein Sich-Messen, um den Sieg zu kämpfen und sich für den eigenen Sieg einzusetzen wurde verhindert. Viel mehr war soziales Eingliedern wichtiger. Weil die nette Seite überbetont wurde, haben diese Kinder niemals gelernt, Konflikte zu lösen bzw. sich ihnen zu stellen. Um Konflikten aus dem Weg zu gehen, verwenden Harmoniebedürftige Formulierungen wie: *„Eigentlich finde ich das gut …"* oder: *„Das wäre grundsätzlich begrüßenswert …"*. Durch diese vagen Aussagen bleiben sie unantastbar und halten damit ihre Zurückweisungsängste im Zaum.

Die Fähigkeit, Konflikte bewusst wahr- und aufzunehmen und sich mit ihnen auseinanderzusetzen, ist Basis aller zufriedenstellenden, zwischenmenschlichen Beziehungen. Die Konfliktvermeidung, das Ausweichen vor einem Konflikt oder seine Verdrängung führen unweigerlich zu destruktiven zwischenmenschlichen Dynamiken. Konflikte sind immer auch Anlass, sich mit sich und seinem Verhaltensrepertoire auseinanderzusetzen. Wir benötigen dieses, um zu wachsen und uns zu entwickeln. Wenn wir die Erfahrung machen, Konflikte gut bewältigt und aus ihnen gelernt zu haben, steigen unser Selbstvertrauen und Selbstwertgefühl. Wir erleben uns erfolgreich und sind bereit, weiter Konflikte oder Schwierigkeiten aufzunehmen. Wenn uns diese Erfahrungen dauerhaft fehlen, bleiben wir meist in gewohnten Verhaltensmustern und gewohnten Dynamiken. Wir stoßen dann wiederholt auf dieselben Schwierigkeiten.

In meiner Coachingpraxis habe ich erfahren, dass meist ein hoher Leidensdruck entstehen muss, um sich mit gewohnten Verhaltensmustern auseinanderzusetzen. Oft geschieht dies erst bei massiven zwischenmenschlichen Krisen. Sinnvoll und zielführender ist es, destruktive Verhaltensmuster bereits dann aufzugreifen, wenn man spürt oder rückgemeldet bekommt, dass das eigene Verhalten nicht zielführend ist. Es können dadurch Krisen vermieden oder frühzeitig aufgelöst werden.

Harmoniebedürftige in der Berufswelt

Wenn Harmoniebedürftige Ihnen Informationen oder Rückmeldungen über andere geben, die negativ sind, betrachten Sie diese mit Vorsicht. Es kann sein, dass diese Beurteilung eigene verdeckte Aggressionen enthält. Wenn jemand Ihnen von einem anderen berichtet, dass dieser *„mich wieder total überfahren"* hat, glauben Sie es nicht sofort, denn es könnte auch bedeuten: *„Ich habe mich nicht getraut, meine Meinung zu sagen."*

Harmoniebedürftige neigen dazu, sich als Opfer zu definieren. Dies ergibt sich aufgrund der Angst vor Konflikten und der damit verbundenen Selbstwertschmälerung. Deshalb werden gerne andere oder jegliche Situationen für ihr mangelndes Wohlbefinden und ihre Situation zur Verantwortung gezogen. Sie selbst sehen ja keine Möglichkeit, ihre Bedürfnisse durchzusetzen oder einzufordern. Dies wird allerdings nicht so wahrgenommen, denn im Banne des zwischenmenschlichen Friedens wird alles in einem anderen Licht gesehen.

Harmoniebedürftige im Familien- und Freundeskreis

Stefan und Karla bilden nach außen hin ein ideales Paar und werden als gut eingespieltes Team wahrgenommen. Ihr Alltag funktioniert problemlos, Streit zwischen den beiden gibt es so gut wie nie. Probleme machen die beiden jeweils unter sich aus und tragen sie nicht nach außen.

Im Miteinander ist dies schwierig. Stefan geht jedem Konflikt aus dem Weg, denn er fühlt sich durch Konflikte maximal belastet. Es fällt ihm sehr schwer, seine eigenen Wünsche und Bedürfnisse zu äußern, weil er innerlich sofort Angst vor Liebesverlust bis hin zur Trennung hat. Die Sicherheit in der Beziehung geht ihm über alles. Deshalb würde er Klara niemals Vorwürfe machen oder seine Bedürfnisse durchsetzen. Allerdings beginnt Stefan sich innerlich zunehmend unwohl zu fühlen. Er würde sich gerne viel öfters mit seinen Freunden treffen und im Sportclub aktiver sein. Doch er weiß, dass Klara abends nicht gerne allein zu Hause ist, und fürchtet schlechte Stimmung, wenn er seinen Bedürfnissen nachgeht. Deshalb beginnt Stefan immer häufiger Alkohol zu trinken und Chips in sich hineinzustopfen. Klara macht sich deshalb Sorgen um ihn. Stefan kann ihr aber den wahren Grund für sein Verhalten nicht sagen. Mit der Zeit erkennt Stefan, dass seine Strategie ihm nicht guttut, aber er weiß keinen anderen Weg. Erst als Klara beginnt, ihn deshalb ständig zu mahnen, weicht er auch diesem Konflikt aus. Er beginnt, sich vermehrt mit dem Computer zu beschäftigen, trinkt weniger Alkohol und isst wieder normal. Aber selbst die Flucht in den Computer ist keine Lösung.

Beziehungen, in denen mindestens ein Partner harmoniebedürftig ist, sind dadurch gekennzeichnet, dass über die Jahre hinweg ein allmählicher Rückzug in sich selbst stattfindet. Dies bringt Beziehungen meist ins Ungleichgewicht. Auch wenn die äußere Harmonie zwischen den Partnern bestehen bleibt, so fehlt doch ein echtes Miteinander im Sinne von Konfrontation und Entwicklung. Nur wenn Menschen in echtem Kontakt sind, also ihre eigenen Bedürfnisse und Wünsche aussprechen und in Rücksichtnahme mit dem anderen auch ausleben, können Beziehungen über lange Zeit glücklich bleiben. Rückzug aufgrund von Harmoniesucht hat immer seinen Preis.

Wenn es Ihnen wichtig ist, eine konkrete Meinung von harmoniebedürftigen Menschen einzuholen, müssen Sie sehr beharrlich sein. Hinterfragen Sie die Zustimmungen dieser Personen mit Sätzen wie „Sie meinen also, dass …“ oder *„Habe ich dich richtig verstanden, dass …“*. Beteuern Sie, wie wichtig Ihnen deren Ansicht ist, selbst dann, wenn sie Ihnen widerspricht. Bestärken Sie Harmoniesüchtige jedes Mal, wenn diese widersprechen oder einen anderen Standpunkt kundtun. Wichtig ist, dass diese Personen lernen, dass ihr Selbstwert nicht von einer angepassten Meinung abhängt.

Harmoniebedürftige Menschen haben niemals gelernt, dass Konflikte etwas sehr Befreiendes und Konstruktives in sich haben können. Sie kennen das Gefühl einer Leichtigkeit, das nach einer Konfliktklärung entstehen kann, nicht. Ganz im Gegenteil, Konflikte werden immer mit Schuld behaftet erlebt.

Der konstruktive Umgang mit Harmoniebedürftigen

Ein typischer Fall in oben genanntem Beispiel mit der harmoniebedürftigen Führungskraft Magret könnte sein, dass sich Magret über Sie als Mitarbeiterin beschwert. Dabei vergisst sie aber, dass sie mit ihrem Verhalten den Rahmen für Ihr „aufmüpfiges" Verhalten absteckt. In diesem Fall könnten Sie als Mitarbeiterin zu ihr sagen:

„Ich verstehe Ihre Unzufriedenheit sehr gut. Mir fehlt allerdings eine klare Vorgabe, was möglich und was nicht möglich ist."

Auf diese Weise transportieren Sie folgende Botschaft:

- Sie anerkennen die Unzufriedenheit.
- Sie brauchen klare Definitionen und Auseinandersetzungen.

Im Falle des Paares Stefan und Klara wäre es zielführend, wenn sich beide mit seinem Verhalten wie dem verstärkten Alkohol- und Chipskonsum sowie dem übersteigerten Hang zu Computerspielen aktiv auseinandersetzen. Vorwurfsfrei und klärend, welche Bedürfnisse dahinterstecken. Klara könnte Stefan ermutigen, Dinge einzufordern, die für sie nicht nur angenehm sind. Stefan könnte lernen, dass zu seinen Bedürfnisse zu stehen nicht bedeutet, die Liebe zu verlieren.

Stefan könnte Klara folgendermaßen begegnen:

„Ich weiß, dass du mich gerne abends bei dir hättest. Mir persönlich ist es allerdings auch sehr wichtig, meine Freunde zu treffen und Sport zu machen. Könntest du dir vorstellen, dass ich zweimal die Woche von 19 bis 23 Uhr auswärts bin?"

Damit versichert er seiner Partnerin:

- Ich akzeptiere deine Wünsche und Bedürfnisse.
- Ich stehe allerdings auch zu meinen Wünschen und Bedürfnissen. Wäre ein Kompromiss mit klar definiertem Zeitrahmen eine Möglichkeit für dich?
- Auch wenn es dir schwerfällt, bitte ich dich, meine Situation zu verstehen und darauf einzugehen.

Checklist für den Umgang mit Harmoniebedürftigen

- ☒ Steuern Sie Konfliktlösungen an und fordern Sie auf, eigene Interessen einzubringen: Harmoniebedürftige Menschen haben niemals gelernt, sich aktiv mit Konflikten auseinanderzusetzen oder aktiv Dinge einzufordern, die nicht einfach zu bekommen sind.
- ☒ Wertschätzen Sie kritische Aussagen: Harmoniebedürftige vermuten hinter jedem Konflikt ein Risiko, Liebesentzug zu erfahren, und damit einen Verlust von Anerkennung.
- ☒ Hinterfragen Sie Zustimmungen: Zustimmungen von Harmoniebedürftigen sind immer mit Vorbehalt zu betrachten. Diese Zustimmungen können aus Verlustangst entstehen und nicht tatsächlich ihrer Meinung entsprechen.
- ☒ Wollen Sie eindeutige Statements von diesem Typus, müssen Sie beharrlich und mit viel Auseinandersetzung klare Meinungen einfordern.
- ☒ Wenn über Nichtanwesende negativ gesprochen wird, seien Sie vorsichtig. Harmoniebedürftige neigen dazu, ihr Unvermögen, Stellung zu beziehen, anderen aufzubürden.

Die Pessimisten

Sie haben einen anstrengenden Arbeitstag. Viele Ihrer Aufgaben sind zwar bereits abgearbeitet, aber Sie wissen, dass es für den heutigen Tag noch sehr viel zu tun gibt. Viel mehr, als Ihnen lieb ist. Sie gönnen sich eine wohlverdiente Pause im Sozialraum. Dort treffen Sie auf einige Kolleginnen und Kollegen und freuen sich darauf, mit diesen bei einer Tasse Tee ein paar Worte auszutauschen. Plötzlich geht die Tür auf und Herr Kirchhofer kommt mit hängenden Schultern, zusammengezogenen Augenbrauen, einer in Falten gelegten Stirn und einem sehr kritischen Blick in den Raum. Allein durch seine Körperhaltung vermittelt er eine Atmosphäre der Schwere, des Leidens, der Negativität. Sie spüren, wie Sie kurz den Atem anhalten und denken „Oje, was kommt da jetzt wieder auf uns zu?"

Herr Kirchhofer ist einer dieser Menschen, die nur das Negative im Leben betrachten. Sein Blick, seine Gedanken, alles konzentriert sich auf negative Aspekte. Und genauso ist es, als er in den Aufenthaltsraum kommt. Die Atmosphäre im Raum kühlt ab. Die Menschen im Raum erstarren und hoffen, dass er nicht wieder allzu Schlimmes erzählt. Plötzlich startet Herr Kirchhofer seinen Monolog: „Das gibt's doch gar nicht! In dieser Firma haut ja nie etwas hin! Da sind ja lauter unfähige Leute. Und nicht nur unfähige Leute, auch lauter unfähige Zulieferer und Kunden. Niemandem kann man vertrauen, nichts passiert, wie es soll, und ich armer Mitarbeiter muss das jeden Tag ertragen. Nichts und niemand hier kann diesen Laden retten und auch andere Firmen sind keinen Deut besser. Wir haben hier mit so vielen miesen Charakteren und Umständen zu kämpfen."

Nach diesem Satz nimmt er sich eine Tasse Kaffee und setzt sich zu den anderen an den Tisch, blickt auf den Boden und es fällt ihm nicht einmal auf, dass alle durch seine Art und Worte erstarrt sind. Kollegin Wolfsberger versucht, ihn zu besänftigen: „Aber Herr Kirchhofer, das ist doch alles gar nicht so schlimm! Sie übertreiben wieder einmal." Dem begegnet er mit dem Satz „Nein, nein! Ich sehe es nur so, wie es wirklich ist." Nach diesem Auftritt sind Sie bemüht, Ihren Kaffee rasch auszutrinken und den Raum zu verlassen. Sie gehen zurück an Ihren Arbeitsplatz. Die negative Atmosphäre, die Herr Kirchhofer in den Sozialraum gebracht hat, nehmen Sie allerdings mit. Am liebsten würden Sie diese abschütteln, aber so einfach geht das nicht. Sie sind sehr dankbar, dass Herr Kirchhofer nicht direkt neben Ihnen seinen Arbeitsplatz hat, und bedauern alle Mitarbeiter, die in seiner Nähe sind. Sie spüren, dass so etwas unerträglich für Sie wäre.

Herr Kirchhofer hat eine typisch negative Lebenseinstellung und Lebenshaltung. Pessimistische Menschen sind vom ersten Eindruck her eher zurückhaltend und verstecken sich gerne hinter anderen. Sie haben eine Grundhaltung, die überzeugt davon ist, dass im Leben mehr Schlechtes als Rechtes passiert. Positive Ereignisse werden nur als Glück oder Ausnahmen gesehen und deshalb sei es besser, sich nicht allzu sehr auf etwas zu freuen. Dann würde man im Leben nur enttäuscht werden. Auch fällt es Pessimisten sehr schwer, sich jemandem anzuvertrauen. Die Ursache dafür liegt in einer Grundeinstellung wie: „Irgendwann wird dich dieser Mensch in deinem Leben enttäuschen."

Diese Persönlichkeit, die von negativen Grundeinstellungen und der Fokussierung auf negative Aspekte in jeder Situation durchzogen ist, vermittelt eine Ausstrahlung der Schwere. Weil sie ihre Aufmerksamkeit stets auf negative Situationsaspekte richten, können diese Menschen nur wenige positive Erfahrungen erleben. Sie entziehen sich diesen fast gänzlich. Sie nehmen positive Erlebnisse zwar wahr, bewerten sie aber als so instabil und zufällig, dass sie daraufhin die Chance verlieren, auf positive Ereignisse oder Aspekte zu reagieren und daraus etwas zu entwickeln. Damit gehen vielfache Gelegenheiten, erfreuliche Erfahrungen und Erlebnisse zu machen, verloren. Und auf diese Weise fühlen sie sich wiederum darin bestätigt, dass es nichts Angenehmes, Leichtes, Freudvolles im Leben gibt. Es ist ein Teufelskreis, eine selbsterfüllende Prophezeiung. Dass die negativen Erfahrungen mit ihrer jeweiligen Grundaufmerksamkeit und ihrer Grundfokussierung zu tun haben, bemerken diese Menschen selten. Und wenn doch, dann bleiben sie dennoch im Zweifel darüber, ob das Leben wirklich gut sein könne.

Sie erkennen diesen Menschentypen primär schon an der negativen Körpersprache, was bedeutet, die Gesichtszüge sind eher traurig, pessimistisch, zweifelnd und manchmal fast gequält. Die Rhetorik ist ganz stark geprägt von negativen Worten wie z.B.: *„Das macht keinen Sinn"*, *„Da wird sicher nichts draus"* oder *„Ist ja klar, das konnte ja nichts werden"*. Die Wirkung, die diese Menschen auf ihre Umwelt haben, ist, dass sie auch den anderen ein Gefühl der Schwere, der Ungerechtigkeit vermitteln und sie intuitiv vor ihnen flüchten wollen. Dialoge oder Diskussionen wirken erschöpfend. Als Gegenüber spürt man, es hat gar keinen Sinn, diese Persönlichkeiten von etwas anderem zu überzeugen.

Pessimistische Menschen werden Ihnen viele Situationen ihres Lebens schildern können, die als schwierig oder katastrophal gelten. Dabei verfallen wir oft in Mitleid. Wir erfahren aber alle kleinere oder größere Katastrophen im Leben. Doch grundsätzlich positiv eingestellte Menschen wiegen diese mit positiven Erfahrungen und glücklichen Momenten auf. Wir wissen im Grunde, dass wir auch unseres eigenes Glückes Schmiede sind.

Niederlagen, Rückschläge oder Enttäuschungen sind niemals die alleinigen Ursachen für eine pessimistische Persönlichkeitsstruktur. Der amerikanische Sozialpsychologe Martin Seligmann behauptet, der Pessimist habe im Vergleich zu anderen Menschen lediglich keine geeignete Bewältigungsstrategie für Niederlagen. Entscheidend für die Entwicklung eines sicheren, positiven Selbst- und Lebensbildes seien die Erklärungen, die wir uns für die Ursachen von Enttäuschungen geben. Eine negative und zweifelnde Persönlichkeitsstruktur wurde in den frühkindlichen Entwicklungsstadien durch die Vermittlung von negativen Lebensauffassungen geprägt. Diese wurden meistens seitens negativer Erwartungshaltungen der Eltern oder näheren Umgebung vorgegeben oder vorgelebt. Negative Lebenseinstellungen werden zum Beispiel durch folgende Glaubensmuster aufgebaut und verstärkt: „*Setze lieber wenig Erwartung in das Leben, dann wirst du auch weniger enttäuscht.*" „*Ich kann ja eh nichts gegen die Umstände oder Umweltbedingungen machen.*" „*Diejenigen Menschen, denen es gut geht oder die Glück im Leben haben, das sind Ausnahmen und man weiß nie, wie lange das hält.*" Hinter all diesen Botschaften verbergen sich Gefühle der Machtlosigkeit und Hilflosigkeit dem Leben gegenüber. Schwierigkeiten und Stolpersteine werden als Bestätigung für die Lebenseinstellung gesehen und niemals als Chance für Entwicklungen.

Die Erklärungsmuster für Erfolge und Misserfolge, die Menschen in ihrem Leben anwenden, haben starken Einfluss auf ihren Selbstwert und ihr Selbstvertrauen. Für eine gesunde Selbstwertentwicklung brauchen sie Selbstvertrauen. Das Vertrauen in die eigenen Fähigkeiten. Nur dann werden sie sich ausreichend ausprobieren. Wenn ihnen ihre Umgebung jegliche Versuche, Einfluss zu nehmen oder sich zu entwickeln, von vornhinein abspricht oder vereitelt, werden sie sehr selten die Erfahrung machen, wie es sich anfühlt, stolz auf eigenes Tun zu sein. Und ein Ergebnis als Ergebnis ihres Handelns zu spüren und zu erfahren.

Negativ eingestellte Menschen verfolgen ihre Ziele nur halbherzig, weil sie ja schon von vorherein auf Stolpersteine warten, die ihnen bestätigen, dass etwas nicht funktionieren wird. Zu all diesen negativen Grundeinstellungen gesellen sich massive Selbstzweifel, das heißt, selbst wenn sie manchmal eine Idee für eine Lösung haben, so fehlt immer der Mut, tatsächlich die Schritte in Richtung Lösung zu gehen. Deshalb investieren sie wenig Zeit in die persönliche Entwicklung, da ja die Grundeinstellung fehlt, dass sich die Dinge durch Eigeninitiative zum Positiven entwickeln können.

In Veränderungssituationen sind pessimistische Menschen meist sehr starr und unsicher. Sie vermuten, dass nichts Besseres nachkommt. Neue Situationen erhöhen vielmehr ihre Ängste und Sorgen vor dem Unbekannten, das ja aus ihrer Sicht niemals gut sein kann. All dies bedeutet natürlich, dass sie die Verantwortung, das eigene Leben und Handeln mitzugestalten, aufgeben. Ihrer Umgebung erscheint es oft so, dass diese Menschen eben den bequemsten Weg einschlagen und sich einfach nicht engagieren wollen. Dabei liegt dem, was als pure Bequemlichkeit scheint, häufig eine massive Verunsicherung und ein geringes Selbstvertrauen zugrunde. Wenn Pessimisten dies erkennen und ihr Gedankengut als Ursache für ihr Lebensgefühl und ihre Lebensauffassungen verstehen, können sie sich aus ihrer Negativspirale heraus entwickeln. Ich habe in meiner psychotherapeutischen Praxis viele Menschen mit negativen bis hin zu depressiven Gedankenmustern und Prägungen begleitet. Alle diejenigen, die mit Ausdauer und Beharrlichkeit ihre Denkfallen aufgelöst und in konstruktive Gedankenmuster transformiert haben, bauten eine gänzlich neue Sicht auf ihre Möglichkeiten im Leben auf. Auf der Basis neuer mentaler Ordnungen konnten neue, positive Lebensgestaltungen und Lebenserfahrungen geformt werden.

Pessimisten in der Berufswelt

Wenn Sie Mitarbeiter oder Kolleginnen im Team haben, die ständig Negatives thematisieren und fokussieren, werden Sie beobachten, dass diese Personen immer wieder auf Gehör der anderen stoßen. Kollegen, die unzufrieden sind, docken gerne an diesen negativen Einstellungen an und rechtfertigen damit ihre eigene Unzufriedenheit im Job. Da es kaum Berufsalltage gibt, in denen alles jederzeit zum Besten steht, kann solch ein Pessimist ein wahrer Goldbrunnen für Unzufriedene sein. Die eigene Unzufriedenheit wird durch die Haltung und Aussagen des Pessimisten noch verstärkt. Diese potenziert sich bis zu völlig unrealistischen Ansichten über einen Job, einen Chef oder Kollegen gegenüber. Denn oftmals werden dann nur noch jene Aspekte reflektiert, die Nachteile mit sich bringen. Neutrale oder positive Aspekte werden völlig ausgeblendet und nicht mehr gesehen. Dies spiegelt sich in Aussagen wie: „Sie werden schon sehen, die Veränderung ist nur ein Versuch, den Schaden zu begrenzen. Mit diesem Management und den vorhandenen finanziellen Freigaben werden bald viele Mitarbeiter gehen müssen und die Verbleibenden werden doppelt so viel arbeiten müssen."

Menschen verfangen sich in negativen Gedankenspiralen, die von außen genährt werden. Sie vergessen gänzlich, dass neben einer Fülle von negativen Aspekten auch viele zufriedenstellende Aspekte vorhanden sind. Sie können in jeder Abteilung Listen durchgeben, in denen positive und negative Aspekte des Arbeitsplatzes reflektiert werden, und werden stets beides in den Antworten wiederfinden. Jeder kann prinzipiell selbst entscheiden, ob die positiven oder die negativen Anteile überwiegen. Überwiegt das Negative in sachlicher Betrachtung, ist es natürlich sinnvoll, sich die Frage zu stellen, ob man am richtigen Arbeitsplatz ist. Doch während Menschen, die dem Leben gegenüber grundsätzlich positiv eingestellt sind, eine bewusste Entscheidung treffen können, ob sie ihr Leben verändern wollen, weil die Umstände sie belasten, stellt sich bei negativen Persönlichkeiten diese Frage nicht. Ihnen ist kein sachlicher Zugang möglich, weil sie von vornherein nur auf das Negativ achten werden, ganz gleich wo sie sind. Selbst bei einem Wechsel des Arbeitsplatzes werden sie wieder vermehrt negative Aspekte sehen und erleben.

Wenn Sie Chef eines oder mehrerer Mitarbeiter sind, bei denen Sie diese stets negativen Tendenzen bemerken, ist große Vorsicht geboten. Wie bereits erwähnt, haben Pessimisten die Kraft, unsichere Mitarbeiter in ihren Zweifeln abzuholen und diese zu verstärken. Wenn sie nur einen negativen Mitarbeiter in ihrem Team haben, kann dieser eventuell über eine überwiegende Anzahl anders ausgerichteter Kollegen ausgeglichen werden. Wenn Sie allerdings mehrere ausgeprägte Pessimisten in Ihrem Team haben, stellt sich die Frage, ob diese derart die Oberhand gewonnen haben, dass die gesamte Abteilungskultur entmutigt wird? Eine kollektive Entmutigung ist um ein Vielfaches schwerer handzuhaben als die Entmutigung einzelner Personen. Wenn dies der Fall ist, helfen nur eine Verwarnung, Versetzung oder sogar die Entlassung negativer Mitarbeiter. Am besten koppeln Sie eine Verwarnung mit einem begleitenden Coaching, in dem jeder einzelne Mitarbeiter die Chance erhält, sein negatives Grundkonzept infrage zu stellen und neue Sichtweisen zu erarbeiten. In meiner Coachingpraxis habe ich vielfach die Erfahrung gemacht, dass solche Chancen positiv genützt werden. Als Coach ist es in diesem Fall sinnvoll, mit dem Mitarbeiter und mit dem Vorgesetzten zusammenzuarbeiten, um das Erarbeitete in seiner Umsetzung zu überprüfen.

Es ist in jedem Fall zielführend, jene Mitarbeiter, die Sie als Mitläufer im Umfeld von Pessimisten identifizieren, in einem Gespräch darüber aufzuklären, dass sie im Sog der negativen Fokussierung mitschwimmen und dass Sie die Wirkung eines Sogs in Ihrer Abteilung nicht tolerieren können. Es ist wichtig, dass Sie eine Cliquenbildung zwischen „Positiven" und „Pessimisten" samt ihren Anhängern vermeiden. Haben sich einmal Cliquen in der Abteilung etabliert, kann durch deren Dynamiken und Wirkung sehr viel an Effizienz und Produktivität verlorengehen. Im Dunstkreis eines oder mehrerer Pessimisten haben Sie als Chef somit immer absoluten Handlungsbedarf.

Pessimisten im Familien- und Freundeskreis

Stellen Sie sich vor, Sie wohnen seit Ihrer Schulzeit in einem kleinen Vorort und haben mit Ihrem engeren Freundeskreis bereits erste Liebeskrisen gemeistert und Schicksale miterlebt. In diesen Kreis ist auch Frau Werter integriert. Sie kommt aus einer Familie, die viele Schicksalsschläge meistern musste, und ihre Eltern leben eher zurückgezogen und sind etwas verhärmt. Frau Werter war in der Schule stets eine eher unauffällige Persönlichkeit gewesen, die sich aber sehr gerne an Freizeitaktivitäten der Schulfreunde beteiligt hatte. In den letzten fünf bis sechs Jahren hat Frau Werter viele Schicksalsschläge erlitten: Scheidung, Jobverlust, problematische Kinder. In ihrem Leben haben sich die negativen Einstellungen und Schicksalsverarbeitungen, die ihr von ihrer Ursprungsfamilie mitgegeben wurden, zunehmend verfestigt. Sie entwickelte einen zunehmend pessimistisch geprägten Charakter. Der Freundeskreis möchte sie aber nicht ausschließen, sie „hat ja schon genug erlitten“. Es erfordert allerdings zunehmend Toleranz von allen, denn ihre Anwesenheit verwandelt die Atmosphäre ins Unangenehme. Ihre Körpersprache, Ausstrahlung und Rhetorik, alles ist absolut negativ. Niemand versucht mehr sie aufzumuntern, alle haben resigniert. Wenn sie nicht dabei ist, diskutiert der Freundeskreis, ob sie Frau Werter überhaupt noch dabei haben wollen. Allerdings fehlt ihnen der Mut, sie aktiv auszuschließen. Auch wenn alle davon überzeugt sind, dass sie ihr Schicksal nur in die Hand nehmen müsste, um ihren Lebensweg ins Positive zu rücken, wollen sie sich nicht schlecht fühlen, indem sie die langjährige Weggefährtin wegschicken. Dieses Dilemma scheint unauflösbar und jeder wartet insgeheim darauf, dass Frau Werter sich selbst zurückzieht. Nachdem dieser Freundeskreis jedoch eine der letzten Ressourcen ihres Lebens ist, wird das nicht passieren.

Sinnvoll ist es, sich in so einem Fall vom negativen Gedanken- und Ausstrahlungssog nicht in Anspruch nehmen zu lassen. Das bedeutet, in eine emotionale Distanz zu dem Gesagten zu gehen. Sie können das Gespräch gezielt lenken, indem Sie positive Themen aufgreifen und immer wieder von negativen Themen weglenken.

Der konstruktive Umgang mit Pessimisten

Pessimistische Mitmenschen bringen negative Sichtweisen und Ausstrahlungen nicht deshalb ein, weil sie unser Leben in ein kompliziertes Licht stellen wollen, und auch nicht deshalb, weil sie unsere Lebensfreude oder unser Glück verringern wollen. Manchmal erzielen sie eine Wirkung, als würden sie dem anderen sein Glück, seinen Reichtum oder seine Erfolge nicht gönnen. Hilfreich ist es, zu erkennen, dass diese Mitmenschen ihr Leben als ent-machtet, hilflos, als zu wenig lenkbar und zu wenig glücklich erfahren. Glück, Freude, Liebe sind nicht die Gefühle, mit denen diese Menschen am Morgen aufwachen und am Abend zu Bett gehen. Allein sich in dieses Lebensgefühl einzuspüren und einzudenken, lässt erkennen, wie schwer so ein Leben ist und sich leben lässt.

Pessimistische Menschen haben oft massive Ängste, nicht respektiert, nicht wertgeschätzt oder nicht geliebt zu werden. Sie gehen ja davon aus, dass primär unangenehme Dinge in ihrem Leben geschehen. Jedes Verhalten und jede Botschaft ist eine Botschaft zu den eigenen inneren Selbstzweifeln. Deshalb ist es ganz wichtig, nichts als gegeben oder objektiv anzunehmen, was von pessimistischen Mitmenschen überzeugt dargelegt wird. Es ist ihre Sicht auf die Welt, es sind ihre Überzeugungen und es ist ihr Fokus auf das Unmögliche. Auch wenn diese Menschen in ihrer Umgebung immense innere Abwehr bewirken, ist es möglich, dass sie allein durch die Tatsache, dass Sie ihnen Aufmerksamkeit schenken, ein Körnchen Akzeptanz, ein bisschen etwas von dem Gefühl, etwas wert zu sein, mitnehmen.

Stellen Sie sich vor, Sie würden jeden negativen Menschen ignorieren, ausgrenzen oder sogar missachten. Sie würden das Leiden dieser Menschen erhöhen, erschweren und dazu beitragen, dass sie ihre Sicht auf die Dinge und das Leben noch kritischer gestalten. Deshalb ist es eine Möglichkeit im Umgang mit diesen Menschen, die eigene Perspektive zu verändern. Sie können Ihre Art des Kontakts als eine Chance sehen, ihnen ein Stück an angenehmem Lebensgefühl mitzugeben. Behalten Sie dabei aber stets im Hinterkopf, dass Sie dadurch niemals die Einstellungen oder Ansichten dieser Menschen verändern werden.

Manchmal ist es schwierig, eine pessimistische Persönlichkeitsstruktur von einer depressiven zu unterscheiden. Die Gefühle der Machtlosigkeit, Hilflosigkeit und das Erwarten negativer Erlebnisse sind beiden gemeinsam. Die Depression ist zusätzlich durch erhöhte Energielosigkeit und Antriebslosigkeit charakterisiert. Auch Stimmungseinengung, wie Verlust der allgemeinen Fähigkeit zur Freude oder Trauer, sind Kennzeichen einer depressiven Erkrankung. Schwer Betroffene empfinden oft eine völlige Sinnlosigkeit ihres Lebens bzw. Gefühlslosigkeit. Depressionen gehen meist mit körperlichen Symptomen einher, wie zum Beispiel Schlafstörungen, Gewichtsabnahme oder massive Gewichtszunahme, Schmerzen in unterschiedlichen Körperregionen oder quälende Druckgefühle auf der Brust. Depressive Persönlichkeiten erfordern einen anderen Umgang als pessimistische Persönlichkeitsstrukturen.

Wenn Sie im Berufsleben mit einem Menschen wie Herrn Kirchhofer zu tun haben, der mit seiner schlechten Stimmung und Meinung die Menschen im Sozialraum irritiert, könnte ein Vieraugen-Dialog folgendermaßen lauten:

„Lieber Herr Kirchhofer, ich weiß, dass Ihre Sicht auf das Unternehmen und die derzeitig Lage sehr negativ ist. Sie werden sicher gute Rechtfertigungen dafür haben. Ich und viele meiner Kollegen nehmen die negativen Aspekte ebenfalls wahr. Wir sehen allerdings auch eine Menge an positiven Dingen, die im Unternehmen passieren und zu unseren Gunsten verlaufen. Wir wollen diese betrachten und glauben, dass die Entwicklung sehr wohl konstruktiv sein wird. Ich bitte Sie, unsere Sichtweisen zu akzeptieren und nicht infrage zu stellen."

Wichtig ist, solche Dialoge nur unter vier Augen zu führen. Sie würden ansonsten den Pessimisten, der von sich aus sehr unsicher und zweifelnd ist, bloßstellen.

So sagen Sie ihm klar und deutlich:

- Ich akzeptiere Ihren Zugang zum Leben und zur Firma. Ich gehe davon aus, dass Sie gute Rechtfertigungen und Denkansätze dafür haben.
- Ich nehme wahr, dass ich und andere Menschen andere Denkansätze haben und dass wir uns damit wohlfühlen.
- Ich bitte Sie, das genauso zu akzeptieren und wertzuschätzen, wie ich Ihre Sichtweisen wertschätze.

In einem Fall wie dem mit Frau Werter, die im Freundeskreis schwere Stimmung macht, bietet sich folgender Austausch an:

„Meine Liebe, es tut mir leid, dass du in deinem Leben sehr viel erlebt hast, das nicht angenehm ist. Ich kann dir immer wieder einmal Hilfe anbieten, wenn du mir konkret sagst, was in deinem Leben nicht funktioniert. Je konkreter wir über all das reden können, desto mehr Verständnis kann ich aufbringen und dich unterstützen. Ich bitte dich,

darauf Rücksicht zu nehmen, dass wir hier im Freundeskreis auch viele positive Lebenserfahrungen haben und uns freuen, im Miteinander Spaß zu haben.“

Sie sagen Ihrem Gegenüber damit:

- Ich anerkenne deine schwierige Lage und bin auch bereit, dich zu unterstützen.
- Bitte erkenne, dass dein Freundeskreis im Miteinander auch Freude haben möchte.

Checkliste für den Umgang mit Pessimisten

- ☒ Lassen Sie sich niemals in die Negativität Ihres Gegenübers hineinziehen. Pessimistische Menschen fokussieren nur Negatives. Deshalb bleiben Sie in Ihren Antworten gegenüberstellend oder akzeptierend. Beispiel: *„Okay, das ist deine Sicht. Ich sehe das anders …“* Versuchen Sie niemals, ihnen ihre Negativität abzusprechen. Negative Lebensauffassungen sind deren Identität.
- ☒ Bedenken Sie, dass Ihr Verhalten pessimistischen Personen gegenüber diesen eine Erfahrung der Akzeptanz, der Wertschätzung, der Freude, des Glücks mitgeben kann, die sie von anderen gar nicht bekommen.
- ☒ Entwaffnen Sie die Negativität. Halten Sie negative Gesprächsthemen kurz und fokussieren Sie Lösungen. Lenken Sie das Gespräch auf andere Themen wie z.B. ein neues Event, eine gemeinsame Unternehmung, einen bevorstehenden Geburtstag.
- ☒ Wahren Sie eigene Grenzen. Wenn Sie jemand emotional zu sehr belastet, distanzieren Sie sich. Erlauben Sie sich, auf sich zu schauen und Ihre eigenen Grundbedürfnisse zu wahren. Unterbrechen Sie die Kommunikation.

Die Scheinfrommen

„Das gehört sich nicht. Wie kann man nur so unordentlich sein? Weshalb halten sich bestimmte Kollegen nicht an die Vorgaben? Es ist wirklich verwerflich, wie manche Menschen sich verhalten, wo soll denn das noch hinführen?"

Aussagen dieser Art kennzeichnen Brigittes Umgang mit ihren Teamkollegen. Sie gibt ständig ihre Meinung zum Verhalten anderer ab. Ihre Kollegen sind froh, wenn sie ihren Ermahnungen entkommen, denn der Blick, die Stimme und diese steten moralischen Ansprüche verdrießen sie. Brigitte arbeitet seit vielen Jahren in der Krankenbetreuung und kümmert sich auf den ersten Blick liebevoll und aufopfernd um Patienten. Diese mögen sie aufgrund ihrer zuvorkommenden, bereitwilligen Art. Dennoch hat Brigitte ihre Herausforderungen. Ihre Unpünktlichkeit und ihre Unordentlichkeit werden immer wieder ein Thema. Sowohl bei den Patienten als auch im Team. Wenn Brigitte sich im Team über andere Kollegen beschwert, wirkt sie in ihrer gesamten Persönlichkeit nicht authentisch. Denn sie hält diese Dinge, über die sie sich beschwert, selbst nicht ein. Ihren Kolleginnen vermittelt sie ein distanziertes Gefühl mit der Botschaft „Lass mich in Ruhe, aber höre meinen Ansprüchen und meiner Kritik zu und halte dich daran". Keiner der Kollegen sucht die Nähe zu Brigitte. Ganz im Gegenteil. Sie sind froh, wenn sie ihren Ermahnungen entkommen. Sie versteckt sich hinter ihrer strengen, moralisierenden Art. Jegliche Form von Leichtigkeit und Ausgelassenheit fehlen.

An Menschen wie Brigitte ist es schwer heranzukommen. Es ist oft, als würde man zwei unterschiedlichen Personen gegenüberstehen. Zum einen jemandem, der stets zu allem einen strengen, wertenden Kommentar abzugeben hat und den Blick darauf richtet, was alles nicht regelkonform läuft. Zum anderen jemandem, der die eigenen Ansprüche nicht leben kann. Brigitte tut sehr vieles, um ihre Patienten zufriedenzustellen, andererseits setzt sie auch ausreichend Handlungen, die nicht unbedingt den Vorgaben entsprechen und vom Team nicht mitgetragen werden. Bei den Patienten fühlt sich Brigitte wohler und lebt ihre Ansprüche nach ihren eigenen Vorgaben. Sie spürt nicht, wie sehr sie ihre Umwelt mit ihrem doppelbödigen Verhalten nervt.

Diese gelebten unterschiedlichen Maßstäbe zwischen eigenem Tun und Werten anderer Menschen bewirken Befremdung. Es ist, als würden diese Personen „Wasser predigen und Wein trinken".

Wie Scheinfromme wurden, wie sie sind

Scheinfromme Menschen entstammen meist einem Elternhaus mit hohen gesellschaftlichen, moralischen Ansprüchen. Aufgrund der Vorbildwirkung, zumindest eines Elternteils, versucht ein scheinfrommer Mensch ebenso hohe Ansprüche zu leben und Normen zu entsprechen. Er schafft es aber selbst niemals, so vorbildhaft zu leben. Es fehlt ihm entweder die dazu notwendige Disziplin oder eine tief verankerte Motivation, die Unbequemlichkeiten so eines Anspruchs auf sich zu nehmen. Als Lösung entwickelt er eine Art Verschleierungstaktik. Er fokussiert die Fehler, Pannen und Pleiten anderer Menschen, spricht darüber, ermahnt und kritisiert diese. Er will damit davon ablenken, dass er selbst jene Werte, die ihm wichtig erscheinen, nicht leben kann. Die Verschleierung ist ein Versuch, dem eigenen inneren Konflikt und der eigenen innerlichen Frustration zu entkommen. Es ist niemals einfach, den Widerspruch zwischen dem, der man sein soll, und dem, der man ist, auszuhalten.

Scheinfromme schwingen eine moralische Keule und drängen anderen Menschen die elterlichen Grundsätze auf. Diese sollen die hohen Ansprüche zur Umsetzung bringen, wenn das schon nicht im eigenen Verhalten möglich ist. Nicht erfüllte Ansprüche werden damit auf andere übertragen. Der Selbstwert wird stabilisiert, wenn man andere dazu bewegt hat, das zu erreichen, was man selbst nicht erreicht.

Sozialpsychologen sind davon überzeugt, dass wir ein ausgeprägtes Interesse in uns tragen, ein positives Selbstbild zu entwickeln und aufrechtzuerhalten. Wir wollen das Grundgefühl in uns haben, gute Menschen zu sein. In eine solche Selbstwahrnehmung passt Versagen allerdings nicht. Deshalb muss ein Umgang damit gefunden werden.

Die frühkindliche Entwicklung scheinfrommer Menschen wurde meist zugunsten eines konsequenten Befolgens von Regeln gestaltet. Das heißt, den Kindern wurde nie vorrangig vermittelt, eigene Gefühle wahrzunehmen, anzuerkennen und auszudrücken. Anerkennung und Liebe konnten am besten durch konsequentes Befolgen von Regeln erreicht werden.

Vorgaben wie „Man muss lächeln und fröhlich sein, um den anderen nicht vor den Kopf zu stoßen“ oder „Rede immer leise und am besten nur, wenn du dazu aufgefordert wirst“ könnten Standardansprüche gewesen sein. Wenn die Kinder diese Anforderungen befolgten, wurden sie gelobt und geliebt. Wie sie sich dabei fühlten, wurde meist nur nebensächlich behandelt. Es galt vorrangig Goethes Satz „Edel sei der Mensch, hilfreich und gut“.

Die Entwicklung von Menschen, die andere mit moralischen Ansprüchen nerven, führt automatisch zum Außenseitertum. Niemand will von jemand anderem dazu gedrängt werden, Ansprüche zu erfüllen, die nicht die seinen sind; und schon gar nicht, wenn derjenige, der sie anderen aufoktroyieren will, sie selbst nicht erfüllt. Bei Menschen, deren Leben nur an einem Regelwerk ausgerichtet ist, was sie tun sollten, sind zudem Humor, Fröhlichkeit und Ausgelassenheit zumeist Mangelware.

Scheinfromme in der Berufswelt

„Ich habe es euch ja immer schon gesagt. Erfolgreich wird unsere Abteilung nur, wenn wir alle aufeinander Rücksicht nehmen und keine Einzelgänge tolerieren. Nun ist es bewiesen. Unsere Abteilung ist heuer die beste des Unternehmens, weil wir das so gemacht haben." Julia nervt jeden mit diesen Sätzen, die sie seit Tagen immer und immer wiederholt. Sie will jedem beweisen, dass sie mit ihrer Anspruchshaltung an alle Recht hatte. Dabei vergisst sie allerdings, dass sie dieses Verhalten zwar von anderen einforderte, aber selbst niemals einhielt. Und genau das nervt die Kollegen so sehr an ihr. Aber sie ändert sich nicht, obwohl sie bereits oftmals gebeten wurde, nicht ständig ihre Ansprüche als allgemeingültig hinzustellen, wenn sie diese dann selbst nicht einhält.

Wenn Ihr Kollege Sie ständig bewertet und darauf aufmerksam macht, was Sie alles falsch machen, grenzen Sie sich klar ab. Wenn Sie mit so jemandem zu tun haben, bedenken Sie aber auch, dass seine Versuche, andere zu maßregeln, nichts anderes sind, als Gebote und Normen einzufordern, die er meist selbst nicht erfüllen kann. Da er aber gelernt hat, dass das Einhalten von Geboten zu Anerkennung führt, versucht er nun, über diesen Weg Anerkennung zu erhalten.

Wird dieser Typus auf eigene Fehltritte hingewiesen, so weist er sie üblicherweise sofort von sich. Beispiele dafür können eine klassische Abwehr sein, „Ich war das nicht!", oder die Rechtfertigung „Die anderen machen es doch auch!".

Sehen Sie diese Abwehrmechanismen als Umgang mit den eigenen hohen Ansprüchen und Fehltritten. Das schlechte

Gewissen darüber lässt ihn sein eigenes Versagen verschleiern oder bagatellisieren.

Scheinfromme im Familien- und Freundeskreis

Scheinfromme machen aufgrund ihrer distanzierten Art Nähe sehr schwierig. Sie verstecken ihre Suche nach Anerkennung hinter Regeln, die ihrer Ansicht nach erfüllt werden müssen. Es bedarf einer intensiven Auseinandersetzung, um zu erkennen, dass ihr Verhalten ein stetes Bemühen um Zuwendung ist. Betrachten wir dies als ihren Funktionsplan, so finden wir bei diesen Typen oft auch sehr gewinnende Seiten.

Stefanie und Jörg haben sich vor Kurzem kennengelernt. Beide sind im Beruf erfolgreich. Privat spielen sie gerne Golf. Stefanie verfügt über einen großen Freundeskreis, ist extrovertiert, spontan und gerne in Gesellschaft. Jörg hat außer seiner Familie keine sozialen Kontakte. Er ist zwar leidenschaftlicher Golfspieler, aber dieses Hobby betreibt er nicht kontinuierlich mit denselben Personen, sondern er wechselt seine Mitspieler je nachdem, wie es sich gerade ergibt. Auffällig ist, dass niemand von sich aus näheren Kontakt zu Jörg sucht. Stefanie bemerkt im Zusammensein mit Jörg immer häufiger, dass Jörg beginnt, ihr moralisierende Verhaltensvorschriften zu machen. Sätze wie „*Wo kommen wir denn hin, wenn wir immer unsere Schuhe im Gang stehen lassen? So etwas darf man nicht tun. Das gehört sich nicht!*“, „*Wir müssen unser Miteinander klar regeln*“ oder „*Wir müssen immer alles wegräumen, bevor wir das Haus verlassen*“ kennzeichnen zunehmend ihren Beziehungsalltag. Stefanie fällt dazu allerdings auf, dass Jörg selbst seine Schuhe oftmals im Gang abstellt oder sein Gewand im Wohnzimmer verstreut liegen lässt, bevor er außer Haus geht. Wenn sie ihn darauf aufmerksam macht, hat er immer gute Ausreden oder ein Abwehrverhalten parat. Da Stefanie sich mit ihren Eigenarten und ihrem Lebenszugang sehr wohlfühlt, tauchen immer häufiger Konflikte zwischen den beiden auf. Vor allem weil Jörg ständig etwas fordert, was er selbst nicht einhält.

Der konstruktive Umgang mit Scheinfrommen

Im oben genannten Businessbeispiel mit Brigitte könnte es sein, dass sich Brigitte mal wieder über eine Kollegin beschwert, dabei aber vergisst, dass sie selbst auch das eine oder andere unternimmt, das nicht den Abteilungsregeln entspricht. In diesem Fall könnten Sie als Kollegin zu ihr sagen:

„Ich weiß, dass dir mein Verhalten nicht gefällt und du gerne hättest, dass ich es anders mache. Mir fallen auch immer wieder Dinge auf, die mir in deinem Tun nicht gefallen. Bitte lass mich meine Dinge auf meine Art und Weise tun und fordere nicht deine Ansprüche von mir ein.“

Das Statement, das Sie damit vermitteln, ist:

- Ich akzeptiere deine Unzufriedenheit mit meinem Verhalten.
- Ich möchte als erwachsene, autonome Person wahrgenommen werden, die selbst für ihre Entscheidungen zuständig ist.

Im Falle von Stefanie und Jörg ist es zielführend, wenn sich beide mit ihren unterschiedlichen Ansprüchen und ihrem Umgang damit aktiv auseinandersetzen. Jörg könnte seine eigenen Abweichungen anerkennen und lernen, dass zu einem glücklichen Zusammensein Toleranz für Abweichungen notwendig ist. Stefanie könnte in den Forderungen Jörgs das Bedürfnis nach einem positiven Selbstbild erkennen. Sie könnte Jörg folgendermaßen begegnen:

„Ich weiß, dass du es moralisch verwerflich findest, wenn ich mit den Golfkollegen ausgelassen scherze. Ich

habe nicht die Absicht, dich zu verletzen. Ich werde darauf achten, dass meine Golfkollegen meine Scherze nicht als Flirts empfinden. Meine sozialen Kontakte möchte ich mir aber bewahren."

Sie sagt ihm in diesen Worten:

- Ich akzeptiere unsere jeweiligen Wünsche und Bedürfnisse.
- Ich bin bereit, mich auf dich einzulassen und Toleranz zu entwickeln.
- Ich sehe unsere individuelle Lebensgestaltung nicht als gegen uns gerichtet.

Checklist im Umgang mit Scheinfrommen

- ☒ Distanzieren Sie sich von den hohen Ansprüchen: Scheinfromme Menschen kommen aus einem Umfeld, in dem sehr hohe Ansprüche vorgelebt wurden. Sie selbst können diese nicht erfüllen und stabilisieren ihr schlechtes Gewissen und ihr Selbstbild mit der Aufforderung anderer, diese Werte einzuhalten.
- ☒ Erkennen Sie, dass hinter dem erhobenen Zeigefinger ein großes Bedürfnis nach Anerkennung steckt und die Vermutung, mit dem gesetzten Verhalten Anerkennung zu erzielen.
- ☒ Grenzen Sie sich rechtzeitig ab: Wenn die Ermahnungen zu intensiv werden, sprechen Sie an, dass Sie Ihr Leben gerne nach Ihren eigenen Ansprüchen gestalten möchten.
- ☒ Entschärfen Sie Scheinfromme: Gehen Sie nicht auf alle ihrer Äußerungen ein.

Die Nörgler

„Puh! Das war wieder einmal ein anstrengendes Wochenende!“ Mit diesen Worten kommt Herr Staufe ins Büro. Er setzt sich mit missgelaunter Miene an seinen Schreibtisch und murmelt: „Das Wetter war am Sonntag viel zu heiß und unsere Grillwürstel haben nicht gut geschmeckt, obwohl sie sehr teuer waren. Die Salate, die meine Frau extra aus der Gärtnerei geholt hat, waren nicht so knackig wie gewünscht.“

Ganz egal welches Wochenende Herr Staufe erlebt hat, er kommt jeden Montag ins Büro und jammert, jammert und jammert. Sie stellen ihm ja aktiv gar nicht mehr die Frage, wie es die letzten Tage war, denn seine Antworten nerven Sie schon ziemlich.

Herr Staufe ist der Prototyp eines Nörglers. Nörgler lieben ihre Unzufriedenheit und sind nur dann wirklich glücklich, wenn es im Leben etwas zu bemängeln gibt. Gibt es keine objektiven Auslöser für Unzufriedenheit, können Sie sicher sein, dass Nörgler welche erfinden. Alles, was ein Nörgler erzählt, enthält Unzufriedenheit. Unzufriedenheit wegen der verbrannten Grillwürstel, wegen der schlecht gelaunten Nachbarn, wegen eines Salates, der nicht so knackig war. Sie denken sich ständig: „Gibt es denn keine anderen Sorgen im Leben?“ Aber den Nörglern geht es nicht um Sorgen, denn ihre Unzufriedenheit ist ihre Zufriedenheit. Nur wenn sie verdrossen sein können, finden sie im Leben alles ganz gut. Allerdings macht diese Art sie zu weniger erträglichen Zeitgenossen.

Der Unterschied zwischen den Nörglern und Pessimisten ist ein sehr eindeutiger. Pessimisten haben eine negative Lebensauffassung und negative Erwartungen dem Leben gegenüber. Nörgler hingegen sind mit ihrem Leben grundsätzlich einverstanden. Als Ventil für Dinge, mit denen sie nicht zufrieden sind, mit denen sie sich aber nicht konfrontieren und auseinandersetzen möchten, dient das Jammern. Im Gegenzug zu den Scheinfrommen, geht es den Nörglern nicht um das Einfordern von eigenen Ansprüchen, sondern lediglich um das Nörgeln.

Wie Nörgler wurden, wie sie sind

Nörgler haben gelernt, ständig negative Aspekte zu fokussieren, und fühlen sich darin vertraut. Sie entstammen meist einem familiären Umfeld, in dem angepasstes Verhalten einer der wichtigsten Grundwerte war. Sätze wie *„Das macht man so nicht“*, *„So ist das Leben nun mal“*, *„Da kann man nichts dagegen tun“* dienen ihnen dabei zu vermeiden, sich mit Konflikten oder Ungerechtigkeiten auseinanderzusetzen. Wer sich allerdings niemals mit der Welt aktiv auseinandersetzt, dem bleiben oft nur das Jammern und das Selbstmitleid. Dies gilt sowohl für die Unzulänglichkeiten im Außen, wie zum Beispiel die vom Nachbarn nicht eingehaltenen gesetzlichen Ruhezeiten, als auch für die eigenen Unzulänglichkeiten und Fehler, etwa, wenn berufliche oder sportliche Ziele nicht erreicht werden.

Wie im Falle der Scheinfrommen basiert auch bei den Nörglern die frühkindliche Entwicklung auf angepassten Maßstäben. Allerdings wird hier nicht die Forderung an die Umwelt vorgelebt, sondern vielfach nur eine individuelle Anpassung und Konfliktvermeidung. Übertriebene Konfliktvermeidung schränkt Potenziale ein. Diesen Einschränkungen wird bei diesem Persönlichkeitstypus vielfach über das Jammern Platz gemacht.

Gabriela, ein kreativ veranlagtes Kind, wollte stets Spiele, Zeichnungen, Aufgaben, Hilfestellungen im Haushalt,

Turnübungen auf ihre ganz individuelle Art gestalten. Den Eltern gefiel das ganz und gar nicht. Sie forderten stets angepasstes Verhalten von Gabriela. „Gabi, was machst du denn schon wieder, so macht man das noch nicht, lass das bitte und mache es so wie alle anderen auch." Gabriela lernte rasch und eindeutig, dass sie sich anzupassen hatte und dass sie in diesen Konfliktsituationen niemals gewann. Sie erlebte sich als hilflos und lernte deshalb niemals, wie eine konstruktive Form des Einforderns eigener Interessen gelingt.

Diese Art, an die Dinge heranzugehen, verhindert eine persönliche Weiterentwicklung im Leben. Konfliktbewältigungen unterschiedlichster Art lassen uns lernen. Wir konfrontieren uns mit unseren Einstellungen und Verhaltensweisen, stellen diese im Rahmen einer konstruktiven Konfliktlösung auch infrage und lassen dabei öfter hinderliche Reaktionen hinter uns.

Durch die sich ständig wiederholende Jammerei als Ventil für ihre Anpassung machen sich Nörgler selbst zu Außenseitern, da für ein gutes Miteinander natürlich gute Stimmung nötig ist. Dieser Typus deckt jede noch so kleine oder vermeintliche Unstimmigkeit auf und meint sogar, die Welt oder die Situation dadurch zu verbessern, wenn er ständig den Finger auf das Haar in der Suppe richtet. Grundsätzlich stoßen diese Menschen auf wenig positive Resonanz.

Wenn jemand versucht, ihre Argumente sachlich zu entkräften, bleiben diese Typen meist rechthaberisch und stur. Sie begegnen allen Ansätzen stets mit dem unvermeidlichen „Ja, aber ..." oder „Trotzdem!".

Nörgler in der Berufswelt

Nörgler als Kollegen sind sehr anstrengend, weil sie mit ihrer Art eine Atmosphäre schaffen, die schlechte Laune macht. Meist beginnen sie schon beim Eintritt ins Büro zu nörgeln und ihr Tonfall und ihre Körperhaltung unterstreichen ihre miesmachende Art. Leider kann sich das auf Teammitglieder übertragen und es beginnt rasch eine Atmosphäre der Unzufriedenheit. Mit viel Kraft und viel Optimismus ist es möglich, diesen Nörglern entgegenzuwirken. Allerdings hat man nicht immer Lust darauf und Kraft dafür und fühlt sich vielmehr gestört von diesem Typus.

Nörgler sind selten in der Chefetage zu finden. Sie haben den Fokus zu sehr auf Unzulänglichkeiten und können damit kaum Visionen verbreiten, die ihnen beim Aufstieg helfen könnten.

Nörgler im Familien- und Freundeskreis

Peter trifft zur Feier anlässlich des 70. Geburtstags von Tante Magdalena ein. Während er an der wunderbar gedeckten Tafel Platz nimmt, beginnt er bereits zu jammern: „Hier sind aber die Stühle eng aneinandergestellt und die Luft im Raum ist ja zum Schneiden. Die Kerzenständer schauen zwar wunderschön aus, aber sie nehmen den Platz für das gute Essen ..." Sie müssen sich ziemlich zurücknehmen, um Ihre Wut über Peters Nörgelei nicht kundzutun. Alle haben sich tagelang bemüht, diese wundschöne Tafel so zu gestalten, wie sie ist. Und sie zeigt liebevolle Details, wertvolles Gedeck, kunstvoll arrangierte Blumengestecke und sogar die Stühle sind in ihrer Form bewusst ausgewählt worden. Neben seinen wertschmälernden Worten zeigt Peter auch noch eine Miene, die seine miese Laune deutlich zum Ausdruck bringt. Ihr einziger Gedanke ist: „Hoffentlich sitzt er weit weg von mir" und Sie wissen genau, dass fast alle Anwesenden denselben Gedanken haben.

Da die ständige Nörgelei eine Gewohnheit ist, die andere Menschen meist dazu bringt, sich von ihnen fernzuhalten, sind Nörgler wenig beliebte Gesellschafter. Es fällt uns natürlich schwer, solchen Charakteren positive Seiten abzugewinnen. Vor allem deshalb, weil sie, je mehr sie sich im Jammern verlieren, umso weniger die Sicht für das große Ganze behalten.

Wenn man einen Weg sucht, positive Aspekte in ihrem Verhalten zu finden, so können wir ihnen zugutehalten, dass Nörgler es zumindest vom Prinzip her gut mit ihren Mitmenschen meinen. Sie glauben, indem sie Kleinigkeiten aufdecken, dem anderen etwas Gutes zu tun, ja fast die Welt damit zu retten.

Der konstruktive Umgang mit Nörglern

Wenn Sie einen nörglerischen Kollegen in Ihrem beruflichen Umfeld haben, ist es sinnvoll, sich bewusst abzugrenzen und zu erkennen, dass sein Jammern seine Zufriedenheit ist. Er jammert, weil er einfach gerne jammert. Die Nörgelei kann gemildert werden durch Sätze wie:

„Es tut mir Leid, wenn Ihr Urlaub mit vielen Unannehmlichkeiten gespickt war und Sie sich nicht wie gewünscht erholen konnten. Meine Familie und ich hatten einen sehr schönen Urlaub. Ich denke auch heute noch sehr gerne an diese Tage."

Ihr Statement mit so einer Aussage lautet:

- Ich versuche Verständnis für dein Erleben aufzubringen.
- Ich grenze mich klar ab und bleibe in meiner Lebensstimmung.

Dem Familienmitglied Peter kann eine positive Sicht oder Optimismus entgegengesetzt werden:

„Peter, auch wenn vielleicht das eine oder andere nicht ganz optimal ist, hier wurde wirklich außerordentlich liebevolle Vorarbeit geleistet. Diese zeigt sich in so vielen tollen Details und die ganze Familie ist sehr glücklich darüber,

in diesem großzügigen Rahmen den Geburtstag von Tante Magdalena zu feiern. Ich finde es toll, dass Susanne, Elisabeth und Ulrike tagelang ihre Zeit geopfert haben."

Die damit transportierte Nachricht lautet:

- Ich akzeptiere deine kritische Sicht.
- Es gibt neben dieser kritischen Sicht eine Realität, die zu beachten und wertzuschätzen ist.

Checkliste im Umgang mit Nörglern

- ☒ Fordern Sie Präzision: Nörgler richten den Blick auf all die Kleinigkeiten im Leben, die nicht perfekt sind. Sie sehen Positives und Großzügigkeiten viel zu wenig. Stellen Sie konkrete Fragen: „Wie meinst du das?" „Was klappt nie?" „Wo ist es besser oder funktioniert es anders?"
- ☒ Nehmen Sie Inhalte ernst: Nörgler sind der festen Ansicht, dass ihre Perspektive für ihre Umgebung sehr hilfreich ist. Sie sind überzeugt, mit ihren Spitzfindigkeiten viel Konstruktives einbringen zu können. Zum Teil haben sie auch recht. Bevor Sie in eine innere Distanzierung gehen, überprüfen Sie, was von dem Gesagten wirklich zutrifft.
- ☒ Steuern Sie in eine konstruktive Konfliktbewältigung: Nörgelei ist eine persönliche Art der Zufriedenheit, die aus einer Konfliktvermeidung entsteht. Fordern Sie den Nörgler auf, seine wahren Interessen einzubringen und fokussieren Sie gemeinsame Interessen und Lösungen.
- ☒ Bleiben Sie stets in einer wertschätzenden Haltung, da es Ihr Gegenüber im Grunde genommen ja gut meint.

Die Zyniker

Sie hatten gerade eine sehr nette Veranstaltung in Ihrer Firma. Zum Ausklang stehen Sie noch in einer illustren Runde mit Ihren Kollegen und Ihrem Abteilungsleiter zusammen. Es herrscht eine angenehme Stimmung, bis zu dem Zeitpunkt, an dem der Geschäftsführer Herr Bayer zur Runde stößt. „Na, das war ja mal wieder eine wunderbare Veranstaltung. Nur unprofessionelle Statements vom Verkaufsleiter, das Essen grauenvoll. Ich bin sicher, Herr Wallner, Sie waren für das Catering zuständig. Denn wie man sich füttert, so wiegt man. Übrigens Frau Kirchner, Ihr Kleid gefällt mir von Jahr zu Jahr besser! Und Frau Glanz, bei Ihnen vermute ich immer öfter, dass Ihr Vater Taxifahrer war. Sie sehen heute, wie sonst auch, so wunderbar mitgenommen aus." Diese Worte wirft Herr Bayer gefühllos, niederschmetternd in die Gruppe. Die Stimmung fällt sofort auf den Nullpunkt. Nun wendet sich Herr Bayer mit verächtlichem Gesichtsausdruck direkt an Herrn Loiper: „Na, Herr Loiper, Ihnen hat es doch sicher gefallen! Als Fan vom Verkaufsleiter haben Sie diese seichten Aufführungen bestimmt amüsiert." Jeder Ihrer Kollegen und Sie selbst schauen zu Boden. Sie wissen, egal, was Sie jetzt zu Herrn Bayer sagen würden, es wäre wie Öl ins Feuer zu gießen. Deshalb schützen sich alle mit betretenem Schweigen. Die Runde löst sich binnen weniger Minuten auf.

Herr Bayer, ein klassischer Zyniker, hat es stets darauf abgesehen, andere ins Lächerliche zu ziehen oder Situationen infrage zu stellen, meist sehr radikal bis hin zu spöttisch und verdeckt angriffig. Dabei scheut er nicht davor zurück, die Gefühle anderer zu verletzen.

Die Wirkung von solchen Menschen ist eindeutig. Ihre Gegenüber gehen auf Distanz, denn keiner will sich in einen rhetorischen Kampf mit einem Zyniker verstricken. Diese Menschen sind in ihren Aussagen meist sehr radikal. Der Humor dieser Menschen ist weder mitfühlend noch witzig oder ironisch. Er geht häufig unter die Gürtellinie. Sie profilieren sich mit spöttischen und verachtenden Aussagen. Kleine Missstände, die unter nicht zynischen Kollegen dazu dienen, sich ein bisschen lustig zu machen und zu witzeln, werden von Zynikern beinhart angegriffen, im Bedürfnis, sich selbst zu erhöhen.

Die Gegenüber spüren immer, dass das Ziel ist, zu verwunden beziehungsweise zu siegen. Menschen, die dem Zyniker intellektuell unterlegen sind, wird eine Art Missachtung vermittelt. Denn dieser Typus liebt Herausforderungen und will sich mit seinen Gegenübern messen können, um dann zu siegen. Menschen, die es schaffen, einem Zyniker standzuhalten, bekommen seine positive Aufmerksamkeit und seine Wertschätzung.

Zynismus ist eine spezielle Denk- und Handlungsweise. Zynismus leitet sich von Kynismus, einer antiken philosophischen Geisteshaltung, ab. Kyniker waren Menschen, die ihre ganze Gesellschaft, ihre Werte und Normen radikal und mit Spott infrage stellten. Sie verscherzten es sich dadurch meist mit ihrer Umgebung. Das Ziel ihrer ethischen Skepsis war allerdings stets, ihre Mitbürger zu einem neuen ethischen Bewusstsein zu führen.

Zynismus in unserem heutigen Sprachgebrauch hat einen Bedeutungswandel erlebt. Unter zynischen Menschen verstehen wir keine Philosophen, sondern Menschen, die andere lächerlich machen, verspotten oder verachten. Diese sind zwar destruktiv, aber nicht bösartig. Dies wird nur kaum wahrgenommen. Hinter fast jedem Zyniker steht ein Mensch, der einmal engagiert war, sich bemüht und konstruktiv eingebracht hat. Zyniker sind vom Leben enttäuschte Idealisten.

Wie Zyniker wurden, wie sie sind

Die Eigenschaften eines Zynikers – am besten beschrieben mit den Worten „lieber zuerst den anderen verletzen, als das Risiko einzugehen, selbst verletzt zu werden“ – bilden sich erst im Laufe des Erwachsenenalters aus. Nach dem Motto „Angriff ist die beste Verteidigung und der beste Schutz“ sollen die eigenen Gefühle verdeckt werden. Denn diese Menschen haben keine adäquate Fertigkeit erlernt, Gefühle auszudrücken und auszuhalten. Zyniker entstammen meist einem frühkindlichen Umfeld, in dem Intellektualität und Vielfältigkeit gefördert wurden, die emotionale Seite allerdings auf der Strecke blieb. Starke Gefühle oder Gefühlsausbrüche wurden kaum toleriert. Das bedeutet, es wurden die intellektuellen Kompetenzen in den Vordergrund gestellt. Die emotionale Entwicklung als eine nicht notwendige oder zu fördernde gesehen. Der Verstand stand eindeutig über dem Gefühl. Grundgefühle wie Trauer, Wut, Enttäuschung, Freude wurden vielfach mittels rationaler Distanzierung aufgegriffen. „Jetzt stell dich doch nicht so an, das ist ja gar nicht schlimm. Viel wichtiger ist, dass du verstehst, weshalb es dir jetzt so mies geht, und dass du das nicht mehr machst.“ In solchen Botschaften wird nicht das Gefühl fokussiert, sondern die rationale Aufarbeitung der Situation. Emotionale Spontanität, intensive Gefühle wurden als nicht passend dargestellt und damit konnte das Kind niemals lernen diese zuzulassen, auszuhalten oder zu lenken. In so einer Prägung lernt das Kind rasch verbale Ausdrucksformen, um sich emotional ausdrücken zu können. Aber der Weg zu den passenden verbalen Ausdrucksformen ist stets nur mit entsprechender emotionaler Distanzierung möglich. Im frühen Erwachsenenalter und im Erwachsenenalter erleben alle Menschen immer öfter Zurückweisungen. Zynische Menschen haben im Umgang mit Zurückweisungen oder starken Kränkungen gelernt, dass ihre Worte, die sie ja von klein auf trainiert haben, ihre stärkste Waffe sind. Um diese gezielt einzusetzen, haben sie sich eine scharfe Beobachtungsgabe angeeignet, um andere Menschen bei ihren Schwachstellen angreifen zu können. Wenn ein Mensch, der als Kind seine Gefühle immer zugunsten rationaler Aufarbeitungen zurückhalten musste, und im späteren Leben weitere schwerwiegende negative Erfahrungen in zwischenmenschlichen Beziehungen macht, kann dies dazu führen, dass er andere nicht mehr nahe an sich heranlassen möchte. Er will seine Verletzlichkeit und sein Gefühlsleben schützen und nicht mehr nach außen zeigen.

Diese Typen leben in einer Art Resignation. Sie haben ihr Verletztwerden und ihre Enttäuschungen auf eine ganz spezielle Art innerlich verarbeitet. Ihre Strategie ist der Rückzug in ein Schneckenhaus der Verweigerung. Mit Spott und Hohn begegnen sie daraufhin der Außenwelt, der sie selbst in konstruktiver Form nicht mehr beiwohnen können. Damit machen sie sich selbst zu Gegnern jeglicher positiven Entwicklung. Gefühle, die andere Menschen zeigen, betrachten Zyniker dann als Schwächen. Sie machen sich auf Kosten anderer lustig, verhöhnen sie und geben sich damit das Gefühl, selbst mächtiger, besser und unangreifbarer zu sein. Dabei erkennen sie nicht ihr dahinterliegendes großes Bedürfnis, eigene Gefühle zu leben. Andere Menschen schrecken vor dem oft beißenden Spott zurück und wissen sich dagegen kaum zu wehren.

Wenn Sie Zyniker geradeheraus nach den Ursachen ihrer emotionalen Verletzungen fragen, werden diese mit ihren schmerzlichen Erfahrungen konfrontiert. Diesen wollen sie sich aber oftmals nicht stellen. Das würde bedeuten, auch ihre eigene Prägungsgeschichte zu hinterfragen und neu zu ordnen. Deshalb versuchen sie, es so aufzuarbeiten, dass die Ursachen in der Außenwelt zu finden sind. Das bedeutet, anderen Personen oder Situationen wird der Auslöser für ihre Verletzungen, ihr Scheitern zugeschrieben. Der psychologische Hintergrund für diese Verarbeitung ist, dass eigenes Zutun an Versagen oder Scheitern im Leben als erhebliche Belastung für das eigene Selbstbild und den eigenen Selbstwert empfunden wird. In der Schwere des Zynismus spiegelt sich meist der Grad der eigenen Verletztheit wider, der aus Niederlagen zurückgeblieben ist. Leider ist die Wirkung auf das Umfeld sehr zermürbend. Es bleiben meist einsame Menschen zurück, sehr gefühlvolle Menschen, auf der Suche nach Nähe, die sie doch nicht mehr zulassen.

Sollten die zynischen Haltungen noch nicht allzu sehr in der Persönlichkeit verfestigt sein, ist es gut möglich, durch intensive freundschaftliche Gespräche und Auseinandersetzungen, diese Menschen für Neues und für Veränderungen zu gewinnen. Falls diese Maßnahmen nicht greifen, ist es ratsam, eigenes Bemühen um diesen Menschen zu beenden. Denn am Ende kann sich der Zyniker nur selbst dafür entscheiden, wieder das Risiko einer positiven Haltung und Veränderung einzugehen. Doch davor schrecken viele zurück, weil Zynismus immer auch Sicherheit und Trost bietet: Wer nichts Positives mehr erwartet, kann nicht enttäuscht werden. Zynismus ist damit ein Schutzmantel vor Verletzung und Enttäuschung.

Nicht jeder enttäuschte Mensch wird zum Zyniker und schützt sich mit Zynismus. Zynismus ist die Kombination aus Prägungsgeschichte und dem Erleben von massiven Enttäuschungen, die vorrangig rational aufgearbeitet wurden.

Zyniker im Berufsleben

Zynische Menschen wollen gegenüber anderen eine intellektuelle Distanz bewahren. Sie setzen ihren Zynismus ein, um andere auf Abstand zu halten. Wer in Gesprächen alles auf eine spöttische oder sogar verhöhnende Ebene zieht, lässt keinen Zugang offen, ihm persönlich näherzukommen. Zyniker wirken oft als Bremse oder Miesmacher, weil mit ihren zynischen Aussagen ein sehr negativer Bezug zu Situationen oder Personen eingebracht wird. Sie erkennen schnell, wenn andere bei etwas unsicher sind, und greifen dort an. Auf diese Weise wird das Gespräch nicht auf sie selbst und eigene Unsicherheiten geführt. Sie sind als Gesprächspartner gefürchtet, weil sie durch verbale Attacken andere einschüchtern.

Wenn Sie es im Berufsleben mit einem Zyniker zu tun haben, ist es zielführend, Aussagen, die er in Meetings macht, zu notieren und nachzufragen, wie er etwas genau meint. „Herr Bayer, ich möchte sichergehen, alle Informationen zu haben. Können Sie bitte den Status quo mit unserem Kunden Schreyer konkreter erläutern?" Damit haben Sie später die Möglichkeit, bei Angriffen auf Ihre Notizen zurückzugreifen, und sind in der Lage, klar Stellung zu beziehen. Anderenfalls geht der Zyniker gern dazu über, seine Aussagen rasch umzuinterpretieren und Kollegen gegeneinander auszuspielen beziehungsweise sich selbst ins rechte Licht zu rücken. Dieser Typus analysiert sein Umfeld und dessen Schwächen sehr genau und versucht, sich Respekt über Angriffe zu verschaffen. Ein genaues Hinterfragen verhindert, dass der Zyniker sich später von seinen einmal getätigten Aussagen wieder zurückzieht.

Zynisches Verhalten im Beruf kann auch als Zeichen einer dauerhaften Überforderung oder als Ausdruck einer Resignation auftreten. Dieses zeigt sich mitunter in Aussagen wie: „Natürlich erledige ich diese Aufgabe auch noch, meine Familie ist sicher froh, wenn ich wegen euch wieder wie ein ausgespuckter Kaugummi nach Hause komme.“ Oder: „Ich bin für euch wie ein Mülleimer, hingehen, reinwerfen und ihr braucht euch um nichts mehr kümmern – könntet ihr auch mal statt in den Mülleimer in eure eigene Lade werfen?“ Oder: „Keine Ahnung, was euch so überfordert und warum ihr deshalb immer zu mir kommt – habt ihr eigentlich schon diejenigen gefunden, mit denen ihr den IQ teilt?“

Zynische Aussagen müssen nicht immer von einem Zyniker stammen. Ein Zyniker zeigt dieses Verhalten stetig. Es spiegelt seine dauerhafte Art und seine gewohnten Verhaltensweisen. Wenn Zynismus von Menschen kommt, die üblicherweise nicht zynisch handeln, dann weisen diese Verhaltensweisen auf eine Überforderung oder situative Enttäuschung hin. Hier ist es ratsam, die Aussagen aufzugreifen, zu hinterfragen und zu klären. Üblicherweise erhalten sie dann konkretere Informationen über die dahinterliegenden Ursachen.

Zyniker im Familien- und Freundeskreis

Frau Schneider singt seit vielen Jahren beim Kirchenchor in ihrem Ort. Dieser Kirchenchor hat bereits einige Auszeichnungen erhalten und im Zuge einer erneuten Auszeichnungsverleihung feiern die Mitglieder im Pfarrsaal. Frau Schneider bringt ihren Ehemann Gerd mit. Gerd hat sich in den letzten Jahren innerlich sehr zurückgezogen und zu einem Zyniker entwickelt. Niemand weiß, was passiert ist, aber alle in seiner Umgebung spüren die Veränderung, denn Gerd hat begonnen, andere ins Lächerliche zu ziehen, und er nimmt kaum mehr Rücksicht auf die Gefühle seiner Umgebung. Er ist rhetorisch sehr exakt, beobachtet sehr genau und spielt ständig mit seiner Überlegenheit. Aussagen wie „Wenn ihr mir den Tag versauen wollt, müsst ihr nur so weitersingen wie bisher“ wirken sehr verstörend. Da die Chormitglieder ihn seit Langem kennen, sind sie trotzdem bemüht um ihn. Sie haben das Gefühl, dass sein neues Verhalten und seine radikalen Ansichten eine Maske bilden. Als wolle er sich vor etwas schützen beziehungsweise nach außen nicht zeigen, was ihm angetan wurde. Es scheint, als sei Gerd in den letzten Jahren an irgendetwas gescheitert, das nicht offiziell gemacht wurde. Die Leute munkeln, dass er sich viele Jahre im Beruf sehr engagiert hat, mit der Hoffnung, in eine Chefposition zu gelangen. Dies sei ihm auch seitens der Unternehmensleitung wiederholt versprochen worden. Allerdings wurde zwischenzeitlich ein neuer Geschäftsführer ernannt, der gänzlich neue Entwicklungen angestoßen hat. Gerd wurde nicht nur nicht befördert, sondern sogar noch ins berufliche Abseits gerückt. Seine Umgebung nimmt deshalb an, dass sein zynisches Verhalten eine Art unbewusste Aggression auf diese Entwicklung ist. Früher war Gerd gerne gesehen. Jetzt lässt er nichts und niemanden mehr an sich heran und seine menschlich gefühlvolle Seite verblasst zunehmend. Dass er sich selbst damit zum Außenseiter entwickelt, scheint für ihn nicht von Belang zu sein.

Dieses Beispiel zeigt, wie sehr sich Zyniker durch Enttäuschungen oder Verletzungen in sich zurückziehen. Aus ihrem Rückzug heraus setzen sie abwehrende und destruktive Verhaltensweisen nach außen. Sie agieren mit negativer Rhetorik und Abwertung anderer Personen und Situationen, um vor den eigenen Verletzungen und Auseinandersetzungen zu flüchten.

Erkennt man diese Strategie als eine hilflose Form der Auseinandersetzung mit der Außenwelt, wird deutlich, wie viel Angst vor weiterer Bedrohung hinter der Fassade des Zynikers steckt. Der Zyniker ist ein sensitiver Irrläufer, der sich einmal sehr für etwas engagiert hat. Durch sein Scheitern hat er sich jedoch zur Nervensäge entwickelt und bleibt einsam in sich gefangen.

Der konstruktive Umgang mit Zynikern

Wenn Sie bemerken, dass ein Zyniker Sie lächerlich oder fertigmachen will, kann es sinnvoll sein, sich mit klaren Worten gut abzugrenzen. Der Zyniker liebt klare Statements und kann damit am meisten anfangen, weil diese Sicherheit und Überlegenheit vermitteln. Im obigen Beispiel mit Herrn Bayer könnte Frau Loiper sich folgendermaßen abgrenzen:

„Ihre Bemerkung ist ein klarer persönlicher Angriff auf mich. Ich habe diesen verstanden, möchte aber dazu nichts sagen."

So bezieht sie klar Stellung und sagt ihm:

- Ich habe Ihre Strategie erkannt.
- Ich entziehe mich dieser Art des Miteinanders.

Im Falle eines Aufeinandertreffens mit einer Person wie Gerd Schneider im privaten Bereich können Sie, wenn er Sie schmälert oder lächerlich macht, Folgendes entgegnen:

„Gerd, ich habe dich immer als sehr einfühlsamen und verständnisvollen Menschen erlebt. Mir fällt auf, dass in letzter Zeit deine Aussagen stets sehr kritisch und überzogen sind. Ich bitte dich um mehr Verständnis und Toleranz für die Situationen."

Diese Worte sagen ihm gleichzeitig:

- Ich schätze dich als feinfühligen Menschen und nehme eine Veränderung in deinem jetzigen Verhalten wahr.
- Ich bitte dich um ein verständnisvolleres Miteinander.

Checkliste im Umgang mit Zynikern

☒ Erkennen Sie die Ursache: Zyniker sind nicht bösartig. Sie reagieren aus einem persönlichen Schutzmodus heraus.

☒ Sprechen Sie seine Wirkung auf Ihre Gefühle an: Zyniker haben meist nicht gelernt, starke Gefühle, sowohl positiver als auch negativer Art, auszuleben. Damit konzentrieren sie sich auf eine rationale Auseinandersetzung mit der Welt.

☒ Vermeiden Sie Kampfrhetorik: Dieser Typus verwendet Worte als Waffen. Er zückt sie jedoch, um sich vor Verletzungen zu schützen.

☒ Konkretisieren Sie: Begegnen Sie Zynikern immer mit klarer, eindeutiger Sprache. Fragen Sie nach, wenn etwas unklar ist.

☒ Zeigen Sie sich stets mit innerer Sicherheit und geben Sie klare Statements ab. Bei Übergriffen weisen Sie ihn bestimmt in die Schranken.

TEIL 2
Tipps für bessere Gesprächsführung & gelingendes Selbstmanagement

Was Sie alles tun können, um auf nervendes Verhalten anderer zu reagieren

Die vorangehenden Kapitel haben Ihnen zehn verschiedene Typen vorgestellt, die sowohl im Berufs- wie auch im Privatleben häufig vorzufinden sind und uns das Leben schwermachen können. Für alle Typen haben Sie spezielle Möglichkeiten des Umgangs kennengelernt. Es bedarf natürlich einiger Übung, um mit diesen schwierigen Zeitgenossen zielsicher umzugehen, aber Sie werden merken, dass es Ihre eigene Sicherheit und Ihr Selbstbewusstsein stärkt, wenn Sie sich in schwierigen Situationen sicher fühlen.

Ganz abgesehen von den konkreten Methoden, verschiedenartige Querulanten in Schach zu halten, gibt es erweiternd noch zahlreiche Tools, mit denen Sie Gespräche und den Umgang mit anderen steuern können. Sie sorgen mit diesen für klare Botschaften und vermeiden eigene Handlungsweisen, die unerwünschtes oder nervendes Verhalten anderer Menschen aufrechterhalten oder erhöhen.

Es gibt drei zentrale Handlungsweisen, mit denen wir andere steuern können:

- die Informationen, die wir jemandem liefern,
- die Art, wie wir zuhören, und
- die innere Einstellung unseren Mitmenschen gegenüber.

  Gerade bei diesen drei wichtigen Handlungen läuft erfahrungsgemäß oft einiges schief.
- Dazu kommt ungenaues oder doppeldeutiges Informieren: Menschen, die über eine Sache falsch, schlecht oder nur halb informiert sind, entwickeln sich rasch zu Nervensägen. Denn Unklarheiten können sowohl in der privaten wie in der beruflichen Kommunikation zu Fehlinterpretationen und vor allem Unsicherheiten führen.

Vielleicht kennen Sie die Parabel über den Bären und seine Todesliste. Da der Verfasser unbekannt ist, gebe ich den Text zusammengefasst wieder:

In einem Wald herrscht große Aufregung, weil das Gerücht umgeht, dass der Bär mit einer Todesliste unterwegs ist, die er vollstreckt. Alle Tiere werden durch diese Nachricht aufgeschreckt und in Angst und Panik versetzt. Schließlich nehmen zuerst der Hirsch und danach das Wildschwein allen Mut zusammen, laufen zum Bären und fragen ihn, ob auch sie auf seiner Todesliste stünden. Der Bär bejaht dies und die beiden laufen wieder weg. Wenige Tage später werden sie tot aufgefunden und dies versetzt alle anderen Tiere noch mehr in Schrecken. Schließlich fasst sich auch der Hase ein Herz und er erkundigt sich beim Bären, ob auch er auf seiner Liste stehe. Der Bär bestätigt ihm dies. Doch anstatt wegzulaufen, fragt der kleine Hase mutig, ob der Bär seinen Namen nicht von der Liste streichen könnte. Die Antwort des Bären lautet: „Ja, gern, das ist gar kein Problem."

Die Botschaft dieser Geschichte ist sehr eindeutig. Vielfach nehmen wir – wie die Tiere des Waldes – ein Gerücht oder Halbwissen zum Anlass, um eine Sache als in Stein gemeißelt zu betrachten. Wir vergeuden Zeit damit, uns alles in den düstersten Farben auszumalen. Im Privatleben interpretieren wir vielleicht ein Verhalten des Partners völlig falsch, im Berufsleben glauben wir, was auf den Gängen geflüstert wird, statt uns über die Tatsachen zu informieren. Oft führt dies zu massiven Problemen, Sorgen oder Fehlentscheidungen.

Auch umgekehrt gehen wir als Informationsträger häufig viel zu sorglos mit unseren Informationen um. Wir kommunizieren nur die Hälfte, weil uns selbst zum Beispiel die Details einer neuen Maßnahme, die in der Abteilung umgesetzt werden soll, völlig klar ist, oder weil wir annehmen, dass unser Lebenspartner schon wissen wird, was wir zum Beispiel anlässlich einer Neuanschaffung erwarten.

Kurz und gut: Wir nehmen sehr oft einfach nur an, dass unser Gegenüber weiß, was wir wollen oder wie wir etwas meinen.

Eine goldene Faustregel lautet daher: *Kommunizieren Sie immer so umfangreich, dass Ihr Gegenüber sich niemals eigene Gedanken machen muss oder sich falsche Gedanken machen kann.*

Zuhör-Abbruch, Zuhör-Verweigerung

„Die glaubt wirklich, ich merke nicht, dass sie nur so tut, als würde sie mir zuhören. In Wirklichkeit interessiert sie sich ja gar nicht für meine Anliegen. Mir wäre es viel lieber, sie sagt es mir gleich, als ein Spiel mit mir zu spielen."

Innere Kommentare dieser Art verdeutlichen sehr gut, was eine Zuhör-Verweigerung bei einem anderen Menschen verursacht. Haben Sie selbst schon einmal erlebt, dass Ihr Gegenüber Ihnen nicht richtig zuhört, abgelenkt ist oder sich für Ihr Anliegen gar nicht interessiert und nur Anteilnahme heuchelt? Sogar in Telefongesprächen, bei denen wir andere gar nicht sehen, merken wir, ob echtes Interesse da ist oder das Gespräch nur stört. Durch sogenanntes Nicht-Zuhören fühlt sich Ihr Gesprächspartner stets unwichtig und herabgesetzt. Solch ein Verhalten führt in Paarbeziehungen oft zu Streit und sorgt auf beruflicher Ebene sogar dafür, dass Geschäfte schiefgehen oder Kundenbeziehungen zerstört werden.

Wenn dieses Nicht-Zuhören schon bei grundsätzlich angenehmen Menschen zu Problemen führen kann, welche Auswirkungen hat es erst dann, wenn Sie es mit von Haus aus schwierigen Zeitgenossen zu tun haben? Wertschätzung und Achtsamkeit sind in der Kommunikation nicht nur Geschenke, die Sie den anderen zuteilwerden lassen, sondern auch in Ihrem eigenen Interesse.

Vor allem schwierige Kommunikationssituationen erfordern folgende Verhaltensweisen:

- Lassen Sie sich auf den Gesprächspartner aktiv ein. (Nehmen Sie sich ausreichend Zeit und demonstrieren Sie eine offene Körperhaltung.)
- Hören Sie Ihrem Gesprächspartner zu. (Unterbrechen Sie ihn nicht. Wenn Sie wissen, dass er zu keinem Ende findet, dann schlagen Sie eine geeignete Vorgehensweise vor oder bereiten Sie eine detaillierte Agenda vor.)
- Bringen Sie Ihrem Gesprächspartner aktive Aufmerksamkeit entgegen. (Fühlen Sie sich in seine aktuelle Situation ein, versuchen Sie seine Individualität zu berücksichtigen.)

Virginia Satir, eine der bekanntesten Kommunikationsexpertinnen, hat im Buch „Sehnsucht Familie in der Postmoderne" folgende Aussage zur Wirkung aufmerksamer Kommunikation getätigt: *„Ich glaube daran, dass das größte Geschenk, das ich von jemandem empfangen kann, ist, gesehen, gehört, verstanden und berührt zu werden. Das größte Geschenk, das ich geben kann, ist, den anderen zu sehen, zu hören, zu verstehen und zu berühren. Wenn dies geschieht, entsteht Kontakt."*

Innere Einstellungen

Ob eine Situation oder Person als schwierig wahrgenommen wird, liegt in den meisten Fällen auch an unseren Einstellungen (unseren Bewertungen der Personen und unseren Überzeugungen). Wenn Sie negative Einstellungen in eine Situation einbringen, werden Sie dementsprechend handeln und dementsprechend wird Ihr Gegenüber reagieren.

Stellen Sie sich zum Beispiel vor, Sie haben sich beim Fahrradfahren massiv verletzt. Deshalb müssen Sie ins Krankenhaus in die Ambulanz. Dort warten Sie mit großen Schmerzen zwei Stunden, bis Sie an die Reihe kommen. Endlich werden Sie aufgerufen und gehen erleichtert zum Behandlungsraum. Dort erblicken Sie die diensthabende Ärztin. Sie erstarren vor Schreck. Über diese Ärztin wurde Ihnen kürzlich von Ihrer Nachbarin sehr viel Negatives erzählt. Die Ärztin sei forsch und ungeduldig, ihre Behandlungen seien oberflächlich und schlampig durchgeführt. Durch diese Einstellung begrüßen Sie die Ärztin mit offensichtlichen Vorbehalten und Misstrauen und fragen sogar, ob es nicht einen anderen behandelnden Arzt gibt. Die Ärztin ist aufgrund Ihres Verhaltens sehr irritiert und reagiert mit einem unangenehmen Tonfall und den Worten: *„Habe ich Ihnen etwas getan? Weshalb wollen Sie sich nicht von mir behandeln lassen?"* Sie antworten: *„Nein, Sie haben mir nichts getan, aber ich würde mich gerne von einem Kollegen behandeln lassen."* Die Ärztin schickt Sie daraufhin zu einem Kollegen. Die Behandlung bei diesem verläuft allerdings nicht optimal. Es passieren Fehler und Sie haben in Summe großes Glück, dass alles gut ausgegangen ist. Eine Krankenschwester erzählt Ihnen beim Weggehen, dass die behandelnde Ärztin von Nebenan eine Koryphäe in ihrem Fach sei und Ihnen sicher einiges an Leiden erspart geblieben wäre, wenn Sie sich von ihr hätten behandeln lassen. Sie erzählt Ihnen außerdem, dass diese Ärztin eine der beliebtesten und sympathischsten Ärztinnen des Hauses sei.

Dieses Beispiel zeigt, wie sehr wir mit unserer inneren Einstellung Situationen lenken und leiten. Deshalb ist es wichtig, unsere innere Einstellung immer gut zu überprüfen. Wir neigen sehr schnell zu Vorurteilen und nehmen uns dabei viele Chancen. Zu beachten ist darüber hinaus, dass wir das, was wir denken, auch immer ausstrahlen.

Erfahrungsberichte zeigen, dass wir mit positiven Einstellungen die Reaktionen unserer Mitmenschen positiv beeinflussen können. Seien Sie sich dieser Macht immer bewusst und machen Sie sich diese zunutze! Wenn Sie zum Beispiel mit einer Einstellung in eine Sitzung gehen, dass diese Ihnen lästig ist, dann werden Sie das ganz unbewusst auch vermitteln. Sie werden damit die Kommunikation mit Ihren Kollegen viel kürzer und damit ungenauer gestalten. Sie werden niemals dieselben Ergebnisse erzielen, als wenn Sie mit einer Einstellung in eine Gesprächssituation gehen, die positiv und offen ist. Ihre Gegenüber werden Ihnen viel offener und konstruktiver begegnen. Möglichkeiten, die Sie sonst niemals hätten, können damit gegeben werden. Das Leben spielt sich immer im Gesetz der Resonanz ab. Je wohlwollender Sie sind, desto mehr Wohlwollen kommt auf Sie zurück.

Zielführende Wege zu gewinnbringenden Gesprächen

Vorsicht! Ihre Interpretationen steuern Situationen
Sie stehen im Supermarkt an der Kasse. Vor Ihnen hat sich eine Schlange aus sieben Personen gebildet. Sie haben es sehr eilig, weil Sie zu einem heiklen Termin müssen, bei dem Sie unbedingt etwas Gebäck reichen müssen, um gute Stimmung zu machen. Außerdem haben Sie Hunger und sind deshalb gereizt. Nach ein paar Minuten des Wartens fragen Sie vier Leute, die vor Ihnen stehen, ob sie Ihnen Vortritt gewähren könnten. Drei der Personen *interpretieren* Ihre Frage als ehrliches Anliegen und lassen Sie vor. Eine Frau jedoch *interpretiert* Ihre Aussage als Lüge und beginnt Sie zu beschimpfen: *„Ich glaube Ihnen nicht, dass Sie zu einem Termin müssen. Sie wollen einen Vorteil herausholen und nicht in der Schlange stehen. Das ist doch sicher vorsätzlich gelogen. Ich lasse Sie sicher nicht vor!"*

Offensichtlich hat diese Passantin bereits schlechte Erfahrungen mit so einer Situation. Deshalb interpretiert sie Ihren Wunsch im Sinne eines Vorurteils mit entsprechend negativer Gefühlslage. Sie wiederum beleidigt dieser Vorwurf und Sie reagieren folgendermaßen: *„Die spinnt ja vollkommen. Was glaubt die eigentlich! Die will mir unterstellen, dass ich mich ohne Grund vordrängen will. Das brauche ich mir nicht bieten zu lassen!"*

Darauf folgt ein Schreiduell, bis Sie schließlich an der Reihe sind und vor Wut zittern. Sie bezahlen, nehmen aber die negative Gefühlslage aus dem Streit mit zu dem bevorstehenden Termin. Dieser läuft dann nicht so wie gewünscht und Sie wissen, dass dies auf Ihre Gereiztheit zurückzuführen ist, die Sie nicht abschütteln konnten.

Ebenso gut könnte so eine Situation im Anschluss auch zu einem heftigen Streit mit Ihrem Partner zu Hause oder mit Ihren Kindern führen.

Jetzt stellt sich natürlich die Frage: Wer ist schuld am schiefgelaufenen Termin? Die Frau, die Sie beschimpft? Wenn Sie die Situation ehrlich analysieren, müssten Sie zugeben, dass Ihre Gereiztheit, also Ihre eigene Reaktion, Sie in Ihre negative Gefühlslage gebracht und damit den Termin verpatzt hat.

Vielleicht fragen Sie sich jetzt, was Sie hätten anders machen können? Schließlich hat die Dame Sie beschuldigt, beleidigt und Ihr rasches Vorankommen blockiert. Natürlich ist es in einer Situation, in der Sie ohnedies in gereizter Stimmung sind, nicht einfach, ruhig zu bleiben. Doch je häufiger Sie üben, einen Schritt zurückzutreten, um eine Situation distanzierter zu betrachten, desto öfter wird es Ihnen auch in heiklen Lagen gelingen, hinter die Verhaltensweisen von anderen zu blicken und sie zu verstehen.

Eine Alternative auf die Beschuldigungen und die Blockade der Frau könnte folgende *Interpretation* sein: *„Oje. Die Dame hat schlechte Erfahrungen mit Menschen an der Kasse gemacht und geht jetzt davon aus, dass ich einer dieser Menschen bin, die sie über den Tisch ziehen wollen.“*

Mit so einer Interpretation könnten Sie in Ruhe antworten: *„Es tut mir leid, wenn meine Bitte die Meinung in Ihnen erweckt, dass ich Sie anschwindle. Es stimmt allerdings, ich habe einen für mich wichtigen Termin. Meine einzige Absicht ist es, den Termin pünktlich wahrzunehmen.“*

Mit hoher Wahrscheinlichkeit würde die Dame vielleicht noch das eine oder andere negative Wort verlieren. Aber aufgrund Ihrer *Interpretation* wären Sie einem Schreiduell und den damit verbundenen negativen Emotionen entgangen.

Dieses Beispiel zeigt, dass Kommunikation stets ein wechselseitiger Prozess ist. Stets sind beide Kommunikationspartner verantwortlich für den Ablauf einer Situation.

Und gerade wenn Sie es mit schwierigen Menschen zu tun haben, ist das Bewusstsein darüber besonders wichtig.

Deshalb ist es in schwierigen Situationen immer zielführend, sich die Fragen zu stellen: „Was will *ICH?*“, „Was ist mein Ziel?“

- Will ich mit positiven Gefühlen aus Situationen gehen? Wenn ja, werde ich jegliche negative Verhaltensweise meines Gegenübers verständnisvoll und aufklärend interpretieren.
- Will ich Provokationen oder die negative Gefühlswelt meines Gegenübers nicht lenken oder stoppen, weil ich mich nicht als zuständig für mein Gegenüber erachte? Dann kann ich unreflektiert und spontan reagieren. Das Ergebnis wird allerdings mit großer Wahrscheinlichkeit eine turbulente Kommunikationssituation sein.

Es gibt immer wieder Menschen, die sich die Frage stellen: *„Warum soll gerade ICH derjenige sein, der die Situation steuert? Warum kann nicht mein Gegenüber einfach netter oder angebrachter mit mir umgehen? Beziehungsweise warum kann nicht mein Gegenüber sich verantwortlich zeigen?“*

Sobald Sie beginnen, sich diese Fragen zu stellen, haben Sie bereits ein negatives Ergebnis vorprogrammiert. Denn damit sind Sie in einem Machtspiel mit Ihrem Gegenüber gelandet.

Zielführender ist es, sich auf ein positives Ergebnis zu konzentrieren. Sich klarzumachen, dass Sie in jeder Situation die Kraft und Macht haben, sie zu Lösungen zu bringen oder sie zu deeskalieren Wenn die Gefühle Ihres Gegenübers bereits hochgekocht sind, können Sie die Situation durch verständnisvolle Interpretationen in mehr Zufriedenheit bringen. Nicht immer in Ergebnisse, aber in Zufriedenheit. Allein dies zu wissen und in der Lage zu sein, es gezielt umzusetzen, wird stets als große Bereicherung erlebt. In meiner Beratungspraxis habe ich unterschiedlichste Menschen begleitet, die mir lange Zeit entgegneten, sie möchten sich nicht zuständig für die Problemverhaltensweisen anderer fühlen. Aber gleichzeitig gossen sie vielfach mit ihren spontanen, ziellosen Reaktionen Öl ins Feuer. Bei den meisten ist irgendwann der Punkt gekommen, an dem sie sagten: „Ich verstehe jetzt, was Sie meinen." Außer viel Energieverlust und viel Reibung, die bestehen blieb, hatten sie keine Gewinne. Erst wenn Sie aus schwierigen Situationen in Gelassenheit gehen, sind Sie mit Sicherheit auf Dauer erfolgreicher. Die Wirkung, die sie auf Menschen erzielen, ist damit um ein Vielfaches positiver, nachhaltiger und vertrauensvoller.

Erfolgsfaktor Empathie

Empathie ist die Fähigkeit, wahrzunehmen, was in einem anderen vorgeht. Sie wird vielfach auch mit den Begriffen Einfühlungsvermögen oder Mitgefühl umschrieben.

Voraussetzung für Empathie ist eine gute Selbstwahrnehmung, das heißt, unsere Fähigkeit, die eigenen Gefühle zu erkennen und zu verstehen. Je besser das gelingt, desto leichter ist es, die Gefühle anderer zu deuten und nachzuvollziehen.

Empathie wird in zwei Formen unterteilt. *Erkennende* Empathie bedeutet zu verstehen, was in einem anderen vorgeht. In Konfliktsituationen ist diese Form sehr gewinnbringend. Das Ziel ist, eine möglichst gute Lösung zu erreichen und nicht aus Mitleid einer Lösung zuzustimmen, die man nachträglich bereut. Von *emotionaler* Empathie sprechen wir, wenn es darum geht, die Gefühle eines anderen anzunehmen oder zu übernehmen. Das bedeutet, wir fühlen das, was auch der andere fühlt. In einer Mutter-Kind-Beziehung zum Beispiel ist es wichtig, dass die Mutter spürt, was ihr Kind braucht. Am besten ohne langes Nachdenken.

Menschen mit zu hoher emotionaler Empathie, die nicht gelernt haben, damit konstruktiv umzugehen, gelingt es nicht immer, die eigenen Bedürfnisse von Wünschen anderer, die an sie herangetragen werden, zu unterscheiden. Das führt dazu, dass sie von ihrem Umfeld leicht ausgenützt werden können. Wichtig für diese Menschen ist, eine differenzierte Wahrnehmung der eigenen Gefühle und Wünsche und der anderer zu erlernen. Erst dann ist es ihnen möglich, auf ihre eigenen Bedürfnisse zu achten und auch Nein zu sagen.

Das Gegenteil von zu hoch empathischen Menschen sind jene, bei denen die Fähigkeiten zur Empathie nur in geringer Ausprägung vorhanden sind. Diese werden oft als egoistisch und wenig umsichtig bezeichnet. Die fehlenden Fähigkeiten zur Empathie werden aber meist nicht als Ursache gesehen.

Konstruktiv eingesetzte Empathie erhöht die Möglichkeit, zu wertschätzender und lösungsorientierter Kommunikation zu finden. Dies ist wichtig, um schwierige Kommunikationssituationen zum Erfolg zu führen.

Sie erkennen automatisch, dass negative Verhaltensweisen stets ein Versuch sind, dass eigene Erleben zu stabilisieren.

Mit Empathie erspüren Sie, dass eine Person, die im Moment wütend oder aggressiv ist, immer um sich selbst kämpft. Dieses Wissen erleichtert einen verständnisvollen Umgang. Deshalb setzen Sie Ihre Empathie in schwierigen Situationen bewusst ein und achten Sie gut auf Ihre Interpretationen.

Kritisieren? Ja! Aber richtig!

Kritik ist eine Rückmeldung, wie eine Person oder ihr Verhalten auf uns wirkt. Die Art und Weise, wie wir diese Mitteilung senden, beeinflusst, ob eine Person mit Abwehr auf unsere Kritik reagiert oder ob wir sie veranlassen, darüber nachzudenken und unsere Botschaft aufzunehmen.

- „Du bist ja voll daneben!"
- „Wie kann man das nur so machen ...?"
- „Kannst du nicht einmal nett sein?"
- „Gespräche mit dir zu führen, ist furchtbar, ich bin schon wieder total verärgert!"

Wie rasch sind solche Sätze im ersten Ärger dahingesagt. Aber niemand lässt sich gern auf diese Weise kritisieren. Aussagen dieser Art werden fast immer als Angriff auf unsere Person erlebt. Je nachdem, wie stark das Selbstwertgefühl und das Selbstvertrauen ausgeprägt sind, führt solche Kritik dazu, dass der Angesprochene offen in derselben Weise zurückschlägt, gekränkt ist oder eine Verteidigungsposition einnimmt.

Von konstruktiver Kritik sprechen wir, wenn sie wohlwollend und mit dem Ziel, die Beziehung zu erhalten beziehungsweise uns zu unterstützen, geäußert wird. Die wohlwollende Art und Weise spüren wir intuitiv und es fällt uns leichter Kritik anzunehmen. In so einem Fall sind wir bereit, über die Kritikpunkte nachzudenken und uns zu Veränderungen unseres Verhaltens zu motivieren.

Wenn Kritik unsere gesamte Persönlichkeit infrage stellt, unsachlich und verletzend mitgeteilt wird, reagieren wir intuitiv mit Abwehr. Beispiele:

- „Er hat mich vollkommen niedergemacht."
- „Was sie gesagt hat, hat mich total verletzt."
- „Sie hat mich wie immer am Boden zerstört."

Reaktionen dieser Art verweisen auf einen Widerstand. Meist beginnen wir dann, uns zu rechtfertigen. Destruktive Kritik tut niemandem gut, weder dem Kritiker noch dem Kritisierten. Es gibt mehrere Möglichkeiten, Kritik so zu formulieren, dass sie für unser Gegenüber annehmbar wird. Statt auf das Störende aufmerksam zu machen und den Finger in die Wunde zu legen, können wir unserem Gegenüber Hinweise geben, was er besser oder anders machen kann.

Fühlen Sie sich in folgende Beispiele ein. Wie würden Sie jeweils reagieren, wenn Sie in diesen Worten angesprochen werden:

- *„Lass bitte nicht immer die Handtücher über der Badewanne liegen."*
- Alternative Lösung: *„Denke bitte daran, die Handtücher im Bad auf die Wandhaken zu hängen."*

Konzentrieren Sie sich bei Kritik am besten auf einzelne Verhaltensweisen in einer genau beschriebenen Situation. Kritisieren Sie niemals die Personen in ihrer Identität oder in ihren Werten, denn diese bilden unseren Wesenskern.

- *„Sie sind ein Schwindler"* oder *„Von Fairness halten Sie wohl nichts"*. Mit solchen Sätzen greifen Sie sowohl die Identität als auch die Werte Ihres Gegenübers an.
- Alternative Lösung: *„Gestern beim Golfspiel haben Sie die Ergebnisse manipuliert."*

Sollte sich Ihre Kritik auf mangelnde Fähigkeiten einer Person beziehen, achten Sie darauf, dass Sie nicht auf vorhandene Schwächen hinweisen, sondern die Person bitten, sich die notwendigen Fähigkeiten anzueignen. Eventuell geben Sie Vorschläge an, wo und wie die Fähigkeiten erworben werden können.

- *„Das Gespräch mit deinem Mann ist ja ziemlich in die Hose gegangen. Du hast ja eure familiäre Situation noch mehr eskaliert, als sie vorher schon war.“*
- Alternative Lösung: *„Es gibt gute Bücher zum Thema Konfliktlösung. Auch gute Vorträge und YouTube-Videos zum Thema. Vielleicht helfen dir solche Inputs bei der Auflösung deiner Familienprobleme.“*

Angemessen kritisieren bedeutet, auf den anderen zu achten. Unsere Formulierungen sollten stets vorsichtig und wohlwollend ausfallen.

So macht Kritik Spaß

Sinnvoll ist es, sich Erlaubnis für Kritik einzuholen: „Ist es für dich okay, wenn ich dir Rückmeldung gebe?“

Einige Punkte sind empfehlenswert, wenn Sie anderen Feedback geben möchten, egal in welchem Umfeld:

- Wenn Sie jemanden kritisieren, immer nur unter vier Augen. Es sollten keine Zuhörer dabei sein, denn Kritik vor Publikum wirkt, wie jemanden vorzuführen.
- Wenn Sie jemanden kritisieren, geben Sie ihm stets eine Lösung oder Anregungen mit. Das heißt, teilen Sie gleichzeitig mit, was Sie von der anderen Person haben möchten, damit diese künftig auf Ihre Kritik eingehen kann.
- Geben Sie Ihre Kritik so zeitnah wie möglich ab. Wichtig dabei ist allerdings, dass die Person in einem Gemütszustand ist, in dem sie Ihrer Kritik offen begegnen kann. Wenn jemand schon sehr gestresst ist oder sich in Rage befindet, ist es nicht zielführend auch noch Kritik zu äußern.

ICH-Botschaft anstelle von DU-Vorwürfen

Bei Ich-Botschaften geht es um eine psychologische Theorie, die besagt, dass bewertungsfreie Selbstoffenbarungen zu den konstruktivsten Formen, Kritik zu üben, zählen.

Ich-Botschaften folgen bestimmten Gesetzmäßigkeiten:

- Zu allererst wird das Verhalten ohne Bewertungen beschrieben. Am besten, ohne die Person direkt anzusprechen. Denn die Person weiß ja, dass sie dabei war und was sie gemacht hat.
- Als Zweites soll die Wirkung, die das Verhalten auf uns gehabt hat, beschrieben werden.
- Drittens soll ausgedrückt werden, was wir uns künftig von der Person in so einer Situation wünschen oder erwarten.

Umgesetzt in reale Situationen könnten solche Ich-Botschaften wie folgt lauten:

„Gestern in unserem Meeting war die Diskussion extrem laut und forsch. Ich habe mich dadurch sehr angegriffen gefühlt und konnte gar nicht mehr zuhören. Deine Argumente sind bei mir total verloren gegangen. Können wir bitte künftig Meinungsverschiedenheiten in einem angemessenen Tonfall besprechen?"

„Wir haben uns vor 20 Minuten hier verabredet. Ich stehe die ganze Zeit hier in der Kälte und im Regen. Jetzt bin ich wirklich ärgerlich geworden, weil das nun schon mehrmals bei unseren Treffen so abgelaufen ist. Können wir uns künftig bitte pünktlich treffen beziehungsweise kannst du mich bitte informieren, wenn du dich verspätest?"

„Wir haben bereits mehrmals über das Thema Geschirrspüler einräumen gesprochen. Dennoch steht das Geschirr weiterhin in der Küche und es bleibt an mir es einzuräumen. Ich bin diesbezüglich schon sauer und ich spüre, dass ich nun auch in anderen Situationen ärgerlich werde. Kannst du mich bitte diesbezüglich entlasten?"

„Unsere Urlaubsplanungen verlaufen jedes Mal nach dem Schema, dass wir deine Ferienziele zur Umsetzung bringen. Ich fühle mich diesbezüglich benachteiligt und nicht mehr sehr wohl. Ich hätte gerne, dass wir bei der nächsten Urlaubsplanung meine Bedürfnisse besser berücksichtigen.“

Ich-Botschaften sind danach ausgerichtet, die andere Person nicht an den Pranger zu stellen. Dennoch sind sie keine Garantie für eine Verhaltensänderung. Ich bleibe in der Ich-Botschaft aber immer in der Wertschätzung und reibe die Situation nicht zusätzlich negativ auf.

Komm mir nicht zu nahe! – Körpersprache ist der Boss

Kennen Sie das Gefühl, wenn Sie sich körpersprachlich angegriffen fühlen, obwohl die Worte Ihres Gegenübers sachlich und höflich sind? Sie spüren, hier stimmt etwas nicht.

Cora und Antonio sind seit vielen Jahren ein Paar. Gestern nachmittags hatten sie massiven Streit. Sie konnten diesen aber nicht auflösen, denn sie waren am Weg zu einer Esseneinladung bei Freunden. Antonio ließ Cora allein in das Haus der Freunde gehen, mit der Entschuldigung, er müsse noch ein dringendes Telefonat führen und komme gleich nach. Cora spürte, dass er innerlich noch vor Wut über den Streit kochte und mit dem Telefonat als Ausrede Zeit suchte, um Dampf abzulassen. Eine halbe Stunde nach Cora kam er ins Haus. Nach der Begrüßung der Freunde ging er auf Cora zu, die gerade mit einem Gläschen Sekt neben ihrer Freundin stand. Er stellte sich mit einer extrem aufrechten und angespannten Körperhaltung ganz nahe neben Cora. Es waren keine zwei Zentimeter mehr zwischen den beiden. Mit seiner Körperhaltung und Mimik signalisierte er: „Ich bin der Chef und ich lasse mich durch dich nicht unterkriegen." Sein Blick war ernsthaft, streng und richtiggehend aggressiv. Seine dominante, Cora zugewandte Körperhaltung brachte diese in eine richtige Starre. Sie spürte sofort, dass er erreichen wollte, dass sie nachgab, ohne dass er ein Wort über den Streit verlor. Wäre Cora in dieser Situation seiner Dominanz und Forderung ausgewichen und zur Seite getreten oder weggegangen, wäre der Streit mit Antonio sicherlich eskaliert. Cora blieb allerdings gelassen stehen und reagierte nicht auf seine Körpersprache. Obwohl es Impulse dazu in ihr gab. Sie begann mit ihm zu scherzen, erzählte lustige Geschichten. Er begann sich nach einer Zeit zu entspannen. Am Weg nach Hause klärten sie ihren Streit, mit der gewonnenen Distanz durch den ablenkenden Besuch bei den Freunden.

Wie zählt mehr als was

Es kommt in Gesprächen weniger darauf an, was gesagt wird, sondern viel mehr, wie es gesagt wird. Die Wirkung der Körpersprache zählt vielfach mehr als die gesprochenen Worte.

Zur Körpersprache zählen:

- Körperhaltung
- Mimik und Gestik
- Stimmführung: Stimmhöhe, Sprechtempo, Sprachmelodie, Lautstärke
- Distanzzonen: *Intimzone* (0 bis 50 cm): ist die wichtigste Zone des Menschen. In diese dürfen nur Menschen eindringen, mit denen ein enger emotionaler Kontakt besteht. *Privatzone* oder persönliche Zone (50 bis 120 cm): ist eine gewöhnliche Entfernung zwischen Menschen, mit denen man persönliche Gespräche führt, ohne sich dabei bedrängt zu fühlen. *Soziale Zone* oder geschäftliche Distanz (120 bis 300 cm): ist die Zone, in der man mit Unbekannten kommuniziert. *Öffentlichkeitszone* (ab 300 cm): ist die beste Entfernung, wenn man sich an eine Gruppe von Menschen wendet.
- Kleidung, Frisur (sie sagen im Normalfall viel über den Charakter, die Werthaltungen und die Stimmung aus)

Ein wesentliches Merkmal einer guten Kommunikationsbeziehung ist, dass das Distanzbedürfnis jedes Menschen respektiert wird. Wer jemandem zu nahe rückt, wird sich automatisch beim anderen unbeliebt machen. Ein unerlaubtes Eindringen in die intime Zone wird stets als Grenzübertretung empfunden. In manchen Ländern sind die Distanzzonen geringer ausgeprägt als in Mitteleuropa.

Im Bereich der Gestik werden wir sehr stark davon gesteuert, was wir als angenehm beziehungsweise unangenehm empfinden. Verschlossene, verkrampfte, nervöse oder aggressive Gesten bringen uns meist in eine ablehnende Haltung. Das heißt, wir sind dem anderen gegenüber vorsichtiger, distanzierter und skeptischer. Als unangenehm erleben wir auch, wenn Gestik und Inhalt von Aussagen nicht übereinstimmen. Zum Beispiel, wenn Ihnen jemand erzählt, wie enttäuscht er ist, und dabei lächelt. Solche Widersprüche verunsichern und fordern uns auf, das Gesagte zu hinterfragen.

Eine amerikanische Studie kam zu dem bedeutenden Ergebnis, dass für den Gesamteindruck einer Person Worte nur zu 7% verantwortlich sind. 38% beziehen sich auf den Tonfall der Stimme und 55% auf die Körpersprache. Für eine optimale Kommunikationssituation müssen diese drei Kommunikationsformen deckungsgleich sein. Sollte es zu einem Ungleichgewicht kommen, so vertrauen wir unbewusst den Körpersignalen mehr als den Worten.

Das Sprichwort *„Der Körper lügt nicht"* hat vielfach an Überzeugung gewonnen. Denn die meisten Signale der Körpersprache sind unbewusst und offenbaren das, was im Menschen vor sich geht. Daneben gibt es die bewussten Signale des Körpers. Dazu gehören antrainierte Fähigkeiten wie anlächeln, ein gezielter Blick oder ein sogenanntes ausdrucksloses Pokerface, ein selbstbewusster Händedruck und vieles mehr. Zunehmend werden bewusste Körpersignale gezielt eingesetzt. Durch das Wissen und die Macht dieser Signale werden sie von vielen Menschen als Manipulationsinstrument missbraucht.

Die Erfahrung zeigt, dass es sinnvoll ist, authentisch zu bleiben. Auch wenn heikle Themen zur Sprache kommen. Denn wenn bewusst manipulierende Körpersignale eingesetzt werden, wird meist eine massive Verunsicherung beim Gegenüber ausgelöst. Die Körpersprache ist ein instinktives Verhalten und kann auch instinkthaft decodiert werden. Wenn Körpersprache manipuliert wird, spüren die Gegenüber, dass der Mensch maskenhaft wirkt. Das signalisiert erhöhte Aufmerksamkeit und eventuell Misstrauen oder Kampfbereitschaft, weil dieses Verhalten ja auf eine Gefahr oder Unsicherheit hindeuten könnte.

Sie bringen schwierige Situationen viel eher und öfter zum Erfolg, wenn Sie die Herausforderungen authentisch ansprechen. Denn Manipulationen lösen durch die Verunsicherungen vielfach Kämpfe aus und es wird dann unglücklicherweise einen Verlierer geben. Das ist aber niemals ein Gewinn.

Wichtig ist, bei der jeweiligen Interpretation der Körpersprache die individuelle kulturelle Prägung des Gegenübers mit zu betrachten.

Körpersprache und Emotionen beeinflussen sich gegenseitig

In emotional geladenen Situationen verändert sich unbewusst unsere Körperhaltung analog zu unserem *„Notfallprogramm"*. Wir machen uns groß, klein oder erstarren. Je nach Situation und individuellem Reaktionsmuster. Das Problematische an dieser Tatsache ist, dass diese Veränderung unserer Haltung ein konstruktives Bewältigen der Situation eher behindert, statt fördert. Wenn wir wahrnehmen, dass unser Körper notfallgemäß reagiert, ist es sinnvoll, so rasch wie möglich aus der Stresshaltung auszusteigen oder die Situation zu verlassen.

Redewendungen, die auf diese Verknüpfung zwischen Körpersprache und Emotionen hinweisen, sind zum Beispiel „den Kopf einziehen", „starr vor Angst sein", „den Boden unter den Füßen verlieren".

Wir können diesen Effekt aber auch im Positiven nutzen. Wenn wir bewusst eine selbstsichere und souveräne Körperhaltung einnehmen, wirkt sich das auf unsere emotionale Befindlichkeit und Ausstrahlung aus. Redewendungen wie

„ein Rückgrat haben" oder „ein aufrechter Charakter sein" verdeutlichen dies.

Es gibt eine wahre Flut an Angeboten, die Körpersprache zu trainieren. Trainings für Verkaufspersonal, für Verhandlungen, für den Umgang mit schwierigen Menschen. Beachten Sie bei solchen Angeboten stets, dass es eine irritierende Komponente in eine Situation einbringt. Gerade im Umgang mit schwierigen Menschen ist es sinnvoll, alles zu vermeiden, was noch mehr Irritation einbringt. Eine offene, ehrliche Rückmeldung hat viel mehr Kraft und Erfolg, als die Emotionen gezielt zu verdecken. Sich der Situation und den Herausforderungen zu stellen, bringt zudem die Möglichkeit mit sich, sich menschlich weiterzuentwickeln.

Grenzen setzen: bis hierher und nicht weiter!

Jeder von uns setzt Grenzen oder es werden ihm welche gesetzt. Wir kennen das Thema also von beiden Seiten. Grenzen geben Schutz und Sicherheit sowie Orientierung und Klarheit. Sie sorgen außerdem für stabile soziale Verhältnisse in unseren Familien und an unseren Arbeitsplätzen.

Auf individueller Ebene zeigen unsere Grenzen unser persönliches Revier an. Dringt jemand unerlaubt in unser Revier ein, empfinden wir das als Grenzüberschreitung. Beispiele dafür sind:

- eine Freundin am Telefon, die unentwegt weiterspricht, obwohl wir schon mehrmals das Gespräch beenden wollen;
- eine Kollegin, die uns mit blöden Sprüchen bombardiert;
- ein Chef, der uns vor allen bloßstellt und niederschmettert.

Vielfach sind uns Grenzüberschreitungen in den entsprechenden Situationen nicht deutlich bewusst. Meist werden sie über körperliche Reaktionen und Signale angezeigt. Der Körper gibt uns sofort Rückmeldung, wenn sich eine Situation für uns nicht gut anfühlt. Häufig auftretende Körpersignale bei Grenzüberschreitungen sind: Herzrasen, Engegefühl im Brustraum, stockender Atem, Kribbeln im Magen, aufsteigende Hitze, Erröten, Zähne zusammenbeißen, Zittern vor Anspannung, überspielendes Lachen, Unruhe.

Begleitend finden sich meist folgende Gedanken:

- „Das gibt's wohl nicht!"
- „Ruhig bleiben, ja nichts sagen!"
- „Sag endlich, was du eigentlich willst!"
- „Wir sind nicht im Kindergarten!"
- „Du bist eh ein armes Würstel!"
- „Ist das mühsam!"

- „Der macht mich ärgerlich!“

Unsere Intuition sagt: „Was im Moment passiert, ist nicht okay.“

Besonders schwer fällt es uns, jenen Personen, die uns sehr nahe stehen oder die wir für uns als sehr wichtig erachten, Grenzen zu setzen. Gegenüber diesen Menschen neigen wir dazu, uns doppeldeutig abzugrenzen. Das heißt, wir sagen zwar Nein, aber um den anderen nicht vor den Kopf zu stoßen, lächeln wir ein bisschen mit oder geben ein bisschen nach. In Folge sind wir allerdings überrascht, wenn unser Gegenüber nicht eindeutig auf die Botschaft reagiert. Beispielsweise schaut das folgendermaßen aus: „Nein, ich möchte heute nicht mehr die Wäsche und den Einkauf machen. Ich muss noch mein Meeting für morgen vorbereiten. Morgen habe ich genügend Zeit dafür. Aber wenn du unbedingt willst, dann mache ich es eben doch noch heute …“

Wenn wir zulassen, dass andere unsere Grenzen dauerhaft überschreiten, kommt es automatisch zu unterdrückten Emotionen. Und wenn dies zu lange stattfindet, kann diese permanente innere Unterdrückung sich in destruktiver Form in unser Leben schleichen. Sie zeigt sich dann über fehlende Energie, fehlende Lebendigkeit oder in körperlichen Symptomen wie Schlaflosigkeit, häufigen Infekten, Rücken- oder Kopfschmerzen und vielem mehr.

Wichtig ist, dass bei verbaler Grenzsetzung stets eine entsprechende Körperhaltung die Botschaft unterstreicht. Eine selbstbewusste *„Ich will das nicht“-Ausstrahlung* vermittelt viel mehr Klarheit als ein leises *„Können wir das anders machen?“*.

Es ist einfacher, Grenzverletzungen vorzubeugen, als sich im Anschluss an eine Grenzverletzung zu wehren. Dies gilt besonders für den Umgang mit schwierigen Menschen. Es ist zielführend, bereits bei ersten Signalen dem Gegenüber die Grenzen aufzuzeigen. Denn wenn das Gegenüber in das eigene Revier eingedrungen ist, sind die Grenzen bereits verletzt worden.

Abgrenzung setzt bei uns selbst an

Folgende Punkte sind wichtig, um sich gut abgrenzen zu können. Und sie setzen in erster Linie bei uns selbst an:

- Schulung der Selbstwahrnehmung: Es ist wichtig, die eigenen körperlichen und gedanklichen Signale zu erkennen und auch ernst zu nehmen.
- Aufbau von Selbstvertrauen: Um anderen Grenzen setzen zu können, benötigen wir Vertrauen in die eigenen Fähigkeiten und Vertrauen in den eigenen Wert.
- Selbstbehauptung: Sich klar dazu auszudrücken, was ist und was wir wollen, ist wichtig, wenn wir unmissverständliche Botschaften senden möchten.

Eine wichtige Voraussetzung, um ohne schlechtes Gewissen Nein sagen zu können, ist, unserem Nein die richtige Bedeutung zu geben. Ein Nein zu einem Verhalten oder zu einer Situation bedeutet immer ein *Ja* zu *mir*. Denn in diesem Moment erkenne ich, dass ich für mein Wohlbefinden handle und meine Grenzen achte. Wichtig ist, darauf zu vertrauen, dass ein Nein nicht bedeutet, die Wertschätzung einer Person zu verlieren.

Dazu ein Gedankenexperiment: Stellen Sie sich einen Freund oder eine Kollegin vor, die sich mit ihrem Verhalten gut abgrenzen kann. Was denken Sie über sie oder ihn? Wie empfinden Sie ihr oder sein Nein, wenn es Sie betrifft?

Bemerkenswert ist, dass Menschen, die sich gut abgrenzen können und gut auf ihre Bedürfnisse achten, in der Wertschätzung anderer steigen. Wobei Menschen, die sich gut abgrenzen, sich von Menschen, die stets egoistisch handeln, unterscheiden. Bei Egoisten stehen stets die eigenen Interessen im Vordergrund und sie lassen sich nicht auf die Bedürfnisse von anderen ein. Hier handelt eine deutliche Ich-Bezogenheit.

Für eine gesunde und gute Abgrenzung benötigen Sie die Klarheit darüber, was Sie wollen. Dafür ist es notwendig, herauszufinden, was die eigenen Grundbedürfnisse sind:

- für mich persönlich,
- im Umgang mit Menschen in meinem Berufsumfeld,
- mit meinem Partner/meiner Partnerin,
- mit meinen Kindern,
- mit meiner Herkunftsfamilie,
- mit meinen Freunden/Freundinnen.

Je konkreter Sie diese Fragen für sich beantworten können, desto klarer werden Sie in Ihrem Verhalten sein und desto eindeutiger werden Ihre Botschaften angenommen werden.

Verteidigen Sie Ihre Grenzen nach außen

Beim Grenzensetzen geht es einerseits darum, sich selbst gut zu kennen, und andererseits auch um den überlegten Auftritt nach außen. Das betrifft folgende Punkte:

Grenzen anderen bewusst machen und als bedeutend erachten: Unterscheiden Sie dabei zwischen Toleranzgrenze und Schmerzgrenze.

Wenn zum Beispiel eine Kollegin wegen der Zahnschmerzen ihres Kindes eine halbe Stunde zu spät in den Dienst kommt, so fällt dieses Zuspätkommen üblicherweise in die Toleranzgrenze. Wenn dieselbe Kollegin mehrfach hintereinander zu spät kommt und jeweils gute Gründe vorbringt, so wird sie bald an Ihre Schmerzgrenze stoßen. Spätestens dann sollten Sie ein klares Gespräch führen.

Grenzen eindeutig mitteilen: Viele Menschen gehen davon aus, dass andere ihre Grenzen erahnen oder zumindest kennen müssten.

Zum Beispiel: Wir glauben, dass unsere Kollegen wissen, dass wir beim Mittagessen nicht mit beruflichen Fragen belästigt werden möchten. Wir sind etwas irritiert, wenn sie diese Grenzen nicht einhalten. Tatsache ist allerdings, ich kann niemals davon ausgehen, dass der andere meine Grenzen kennt. Ich muss sie eindeutig mitteilen.

Dazu noch ein Beispiel: Ich darf nicht annehmen, dass mein Chef weiß, dass sein lauter, aggressiver Tonfall auf mich zermürbend wirkt. Das bedeutet, ich muss auch meinem Chef klar mitteilen, dass ich Gespräche auf diese Art nicht führen möchte. Eine höhere Hierarchie können Sie mit folgendem Satz darauf hinweisen: *„Ich bitte Sie, unser Gespräch auf eine andere Art und Weise fortzuführen. Momentan bin ich nur irritiert und kann Ihnen inhaltlich nicht folgen."*

Sollte Ihr Chef sein Verhalten nicht beenden und in gleicher Weise fortsetzen, setzen Sie die Grenze noch stärker, zum Beispiel mit folgenden Worten: *„Ich bitte Sie, dieses Gespräch zu einem anderen Zeitpunkt fortzuführen. Wie bereits erwähnt, kann ich in dieser Art und Weise inhaltlich nicht folgen."*

Achten Sie dabei auf eine klare „Ich will das nicht"-Ausstrahlung und Körperhaltung. Ihre Abgrenzung muss auf allen Ebenen Ernsthaftigkeit zeigen.

Im Miteinander Grenzen vereinbaren: Eine gemeinsame Grenzvereinbarung hilft Ihnen, eine höhere Akzeptanz Ihrer Grenzen zu erzielen. Bei Nichtbeachtung können Sie diese auch leichter einfordern.

Dazu ein Beispiel: Wenn in der Familie gemeinsam darüber abgestimmt wurde, wer wofür im Haushalt zuständig ist, können wir deutlich auf unsere Vereinbarung hinweisen, wenn sich jemand nicht an die Vereinbarung hält. Sollte es wiederholt zu einem Vernachlässigen der Pflichten kommen, so können Sie gemeinsam mit allen über Grenzen diskutieren und eine Art Familienkultur einfordern.

Solche Grenzziehungen bedeuten nicht Ungemütlichkeit oder Sanktionierung, sondern in erster Linie Schutz und Sicherheit für jedes einzelne Familienmitglied. Daraus wiederum entstehen Gefühle der Geborgenheit.

Erlebte Grenzverletzungen sofort aufzeigen: Oft warten wir aus falschverstandener Rücksichtnahme viel zu lange, bis wir Grenzverletzungen ansprechen. Allerdings laufen wir dann Gefahr, dass sich aufgrund der Gewöhnung an die Grenzverschiebung unsere Toleranz erhöht. Dies bedeutet, dass wir Situationen oder Verhaltensweisen erdulden, die unserem Selbstwert nicht guttun. Wir erleben dann stetig, dass andere unerlaubterweise in unser Revier eindringen. Diese Erfahrung mindert meist unser Selbstwertgefühl. Unser Selbstwert baut ja gerade darauf auf, dass wir über Grenzziehungen unserer Umwelt vermitteln, was wir uns selbst wert sind. Aus diesen Gründen ist es immer sinnvoll, überschrittene Grenzen rasch und klar einzufordern, um in einem gesunden Kreislauf mit sich selbst zu bleiben.

Persönliche Grenzen konsequent verteidigen: Manche Personen überschreiten mit forschem, lauten oder aggressivem Auftreten unsere Grenze. Dieses Angriffsverhalten führt dazu, dass wir unsere Grenzverteidigung rasch aufgeben und Verhaltensweisen tolerieren, die wir üblicherweise nicht akzeptieren möchten. Der Grund dafür ist, dass es uns gegenüber solchen aggressiven Menschen sehr viel Energie und Entschlossenheit kostet, unsere Grenzen zu schützen und nachhaltig auf deren Einhaltung zu pochen.

Achten Sie darauf, dass Angriffsverhalten oft genau darauf abzielt, Sie zu überfordern. Erkennen Sie diese Strategie und reagieren Sie mit deutlicher Grenzziehung.

Ein Beispiel aus dem Alltag: In Ihrer Abteilung werden

neue Computer angeschafft. Allerdings sind nicht für alle Mitarbeiter ausreichend neue Geräte vorhanden. Das bedeutet, ein paar Personen müssen mit älteren Modellen weiterarbeiten. Kollege Müller stürzt mit aufgebrachtem, aggressivem Tonfall und einer aufbauschenden Körperhaltung auf Sie zu und schnauzt Sie an: *„Sie brauchen keinen neuen Computer. Ihre Arbeiten erfordern einfache EDV-Tools. Das ist sinnlos verschwendetes Geld. Deshalb geben Sie gleich nach, denn ich möchte unbedingt einen haben und ich brauche ihn auch. Mir steht er mehr zu als Ihnen!“*

Dieses aufbrausende und forsche Verhalten könnte Sie dazu bringen nachzudenken, ob Herr Müller vielleicht recht hat, denn schließlich verwenden Sie wirklich keine komplexen EDV-Systeme. Eine deutliche Grenzziehung könnte folgendermaßen ausschauen: *„Herr Müller, ich habe Ihr Anliegen verstanden, dass Sie einen der neuen Computer haben möchten. Ich möchte mich aber bei meiner Entscheidung, ob ich mich für ein neues Gerät anmelde oder nicht, nicht von Ihren Bedürfnissen lenken lassen. Ich werde für mich eigenständig überlegen, was für mich die beste Lösung ist, und Ihnen dann Bescheid geben.“*

Bei Bedarf Unterstützung einholen: Wenn Sie Grenzüberschreitungen von Personen nicht abstellen können, aus welchen Gründen auch immer, so ist es wichtig, Unterstützer hinzuzuziehen. In familiären Situationen können Sie sich durch andere Familienmitglieder unterstützen lassen, im Freundeskreis durch Freunde, im Berufsleben durch Vorgesetzte. Unterstützung aktiv einzufordern und anzunehmen wird leider von manchen auch als Schwäche gewertet. Allerdings ist das Gegenteil der Fall. Eine Person, die erkennt, dass in einer Situation etwas Unangenehmes für sie passiert und sie im Moment nicht die Kraft oder das Werkzeug dafür hat, dem entgegenzutreten, zeigt Größe, indem sie diese Tatsachen akzeptiert und darauf Lösungen aufbaut.

Auf wunde Punkte achten: Jeder von uns hat wunde Punkte. Das heißt, wenn eine Person einen bestimmten Satz zu Ihnen sagt, kann dieser eine extreme Wirkung auf Sie haben. Dieser Satz kann Sie sogar dazu bringen, Dinge zu tun oder zu unterlassen, die Sie gar nicht wollen. Das bedeutet, an unseren wunden Punkten sind wir sehr leicht manipulierbar.

Sollte es Ihnen zum Beispiel wichtig sein, gebraucht zu werden und als verlässlich zu gelten, so werden Sie auf folgenden Satz immer reagieren und entgegen eigener Bedürfnisse handeln: *„Auf dich kann man sich immer verlassen. Du bist immer da, wenn man dich braucht. Kannst du mir bitte morgen beim Übersiedeln helfen.“* Ein anders formuliertes Anliegen könnte lauten: *„Ich schaffe das heute leider nicht. Bist du so lieb und könntest es heute übernehmen?“* Wenn Sie gerne als hilfsbereit wahrgenommen werden, dann werden Sie auf diesen Satz reagieren und zu hoher Wahrscheinlichkeit übernehmen. Achten Sie deshalb darauf, ob Sie Wünsche deshalb erfüllen, weil Sie sie wirklich erfüllen wollen oder im Moment können. Oder ob Sie es deshalb tun, weil Ihr Gegenüber es so formuliert hat, dass er Sie an einem wunden Punkt erwischt hat.

Regelmäßig üben: Übung beginnt wie bei allen Fertigkeiten bei einfachen und leicht zu bewältigenden Aufgaben. Wenn Sie Ihre Abgrenzung verbessern wollen, starten Sie in Situationen, in denen es Ihnen leichter fällt, Nein zu sagen. Sie brauchen unbedingt Erfolgserlebnisse. Je mehr Erfolgserlebnisse Sie haben, desto leichter wird es Ihnen fallen, Schritt für Schritt in Situationen Nein zu sagen. Wenn Sie sich gleich zu Beginn des Trainings in schwierigen Situationen erproben, so werden Sie sich rasch immer wieder in einem Scheitern erleben. Die natürliche Konsequenz wird dann sein, dass Sie aufgeben. Deshalb bedenken Sie, noch ist kein Meister vom Himmel gefallen. Kontinuierliches Üben, in schrittweiser

Abfolge von leicht bis mittel zu schwierig, wird Sie zu großartigen Erfolgen bringen.

Tipps, die Neinsagen erleichtern

Wenn Sie sich dabei schwertun, Nein zu sagen, dann beachten Sie einfach die folgenden Punkte und nach einiger Zeit wird es Ihnen bestimmt leichter fallen.

- Begründen Sie Ihr Nein, ohne sich dafür zu rechtfertigen.
  Normalerweise akzeptieren Personen ein Nein ganz gut, wenn man es ihnen erklärt. Zum Beispiel: *„Ich kann am Samstag leider die Bergwanderung mit euch nicht mitmachen, weil ich meiner Tante bereits versprochen haben, ihr beim Übersiedeln zu helfen."* Oder auch: *„Ich kann dich leider nicht nach Hause bringen, weil ich meinem Vater bereits versprochen habe, ihn um 20 Uhr abzuholen."*
- Nein zur Sache bedeutet nicht Nein zur Beziehung
  Beispiele: *„Ich habe heute keine Lust mehr ins Kino zu gehen, aber sehr gerne gehe ich ein anderes Mal mit dir."* Oder auch: *„Ich kann dir leider diese Aufgaben nicht abnehmen, aber wenn ich wieder einmal Pufferzeiten habe, unterstütze ich dich gerne."*
- bei Verhaltensänderungen das Nein vorher ankündigen.
  Wenn zum Beispiel Ihre Kinder gewöhnt sind, dass Sie immer das Geschirr wegräumen, und Sie eine Veränderung wünschen, ist es zielführend, diese voranzukündigen. Zum Beispiel: *„Heute und morgen räume ich noch das Geschirr weg, aber ich möchte, dass ihr euch darauf einstellt, dass wir ab Montag gemeinsam einen Plan bezüglich der Aufräumarbeiten in der Küche erstellen. Wir werden künftig gemeinsam für die Küche zuständig sein."*

- Sie müssen nicht immer sofort entscheiden, Sie können sich auch Bedenkzeit einräumen.
  Wenn Sie mit einer unerwarteten oder größeren Aufgabe oder Bitte konfrontiert werden, ist es sinnvoll, sich Bedenkzeit einzuräumen. Sie können dann in Ruhe das Für und Wider abwägen, auf Ihre Intuition achten und bedacht eine Entscheidung treffen. Diese Entscheidungen sind dann meist stimmig und wir können sie gut nach außen vertreten und uns abgrenzen. Wenn wir uns mit den Wünschen anderer überrumpeln lassen, fällen wir oft Fehlentscheidungen. Diese dann wieder rückgängig zu machen, fordert um ein Vielfaches mehr Energie.

In unserem Leben haben wir begrenzte zeitliche, emotionale und physische Kräfte. Es gibt immer wieder Situationen, in denen wir dies deutlich spüren. Leider kommen wir oft erst, wenn wir richtig erschöpft sind, zur Einsicht, dass wir schon viel früher hätten Nein sagen sollen. Manchmal erscheint es uns – besonders im Umgang mit schwierigen Menschen – einfacher zuzustimmen, als sofort darauf zu bestehen, dass andere unsere Grenzen respektieren. Doch in Wahrheit kostet ständiges Nachgeben oft viel mehr Energie, als rechtzeitig die Notbremse zu ziehen und wieder klare Grenzen zu ziehen.

Denken Sie daran, dass ein Nein immer ein klares Ja zu sich und zu Ihrem Leben ist. Es ist ein Stück Lebensqualität, dass Sie sich damit schenken.

3-Minuten-Vorbereitung für gelingende Dialoge

„Gespräche führen kann ich doch aus dem Stehgreif! Da brauch ich keine Vorbereitung. Ich kenne Herrn Schneider und weiß, was ich sagen will! Ich kann mir auch gut vorstellen, was der wieder zu sagen hat und in welcher Art und Weise er es tut!“

Innere Kommentare dieser Art führen niemals zu gelungenen Ergebnissen. Gerade im Umgang mit schwierigen Charakteren oder bei heiklen Themen lohnt es sich, Gespräche im Vorhinein genau zu durchdenken, sowohl im privaten als auch im beruflichen Bereich. Ein paar Minuten Gesprächsvorbereitung spart viele Stunden an Zeit, die man üblicherweise benötigt, um schiefgelaufene Gespräche wieder in die Waage zu bringen. Aus meiner Erfahrung weiß ich, nach einiger Zeit des Übens genügen drei Minuten kurzes Innehalten, Reflektieren und Fokussieren. Schon ist die Zufriedenheitswahrscheinlichkeit für ein gutes Gesprächsergebnis um ein Vielfaches gestiegen.

Im Folgenden finden Sie Anregungen, die Ihnen dabei helfen, dass schwierige Gespräche gelingen.

Tipp 1 – Ein gutes Gespräch beginnt vor dem Gespräch

Ehe Sie in eine schwierige zwischenmenschliche Situation treten oder ein inhaltlich heikles Gespräch führen wollen, stellen Sie sich folgende Fragen:

- Was sind meine persönlichen Interessen in diesem Gespräch?
- Was will ich unbedingt erreichen (Traumziel versus Minimalziel)?
- In welchen Themen bin ich kompromissbereit?

- Auf welche Eigenarten meines Gegenübers muss ich gefasst sein? Welche überschreiten meine Grenzen? Wie werde ich Grenzüberschreitungen ansprechen?
- Mit welchen Verhaltensweisen provoziere ich mein Gegenüber und welche sollte ich vermeiden?
- Was könnten die Interessen meines Gegenübers in diesem Gespräch sein?
- In welchen Themen halte ich mein Gegenüber für kompromissbereit, in welchen nicht?
- Mit welchen Verhaltensweisen kann ich das Gespräch deeskalieren, wenn es in die falsche Richtung läuft?
- Welche Alternativen gibt es, wenn das Gespräch nicht wie gewünscht verläuft?

Detaillierte Gesprächsvorbereitungen vermitteln Ihnen ein Gefühl der Sicherheit. Sicherheit hilft, die Souveränität zu behalten, und erhöht um ein Vielfaches Ihre Chancen, das Gesprächsziel zu erreichen.

Tipp 2 – Gelungene Gespräche benötigen ausreichend Zeit und Raum

Wichtige Gespräche sollten immer mit ausreichendem Zeitrahmen und an einem angemessenen (ungestörten) Platz geführt werden.

Eine einladende Gesprächsatmosphäre sorgt für eine entspannte Stimmung. Diese beeinflusst deutlich den Gesprächsverlauf. Wir hören besser zu, wenn wir wissen, dass wir ausreichend Zeit haben, und lassen uns viel mehr auf andere ein, wenn wir uns wohlfühlen.

Oftmals wollen wir unangenehme Gespräche einfach nur hinter uns bringen. Wir planen dann deshalb für diese einen geringen Zeitrahmen ein, in der Absicht, dass wir dadurch bald wieder aus der Situation herauskommen. Wir achten kaum darauf, wo wir diese Gespräche führen. Doch gerade mit diesem Handeln vermitteln wir unserem Gegenüber, dass es uns nicht viel wert ist. Und auf diese Botschaft reagiert ihr Gegenüber.

Stellen Sie sich vor, Sie möchten mit Ihrer Kollegin einen wichtigen Sachverhalt klären, der Ihnen schon seit Langem im Magen liegt. Sie antwortet Ihnen auf Ihre Bitte um ein klärendes Gespräch: „Ja, am Donnerstag habe ich 15 Minuten Zeit. Am besten klären wir das schnell beim Mittagessen in der Kantine.“ Mit Sicherheit sind Sie enttäuscht und eventuell auch wütend. Denn die Kollegin kennt das Thema und die Wichtigkeit, die es für Sie hat. Und sie weiß, dass dies in 15 Minuten in einer üblicherweise übervollen Kantine nicht ausreichend zu klären sein wird. Aus diesem Grund werden Sie mit einer entsprechenden Abwehrhaltung oder Konflikthaltung in das Gespräch gehen. Dementsprechend ist Ihr Gesprächserfolg begrenzt. Ganz anders wäre es, wenn die Kollegin antworten würde: „ Ja, gerne, wie viel Zeit soll ich mir reservieren, damit wir alles klären können? Hast du eine Idee, wo wir in Ruhe reden können?“

Bedenken Sie immer: Der Gesprächsrahmen, den Sie einbringen oder auch einfordern, bestimmt den Verlauf und damit letztlich den Erfolg mit.

Tipp 3 – Vergessen Sie Manipulationen!

Vermeiden Sie, mittels Schlagfertigkeit oder dominierender Sprache Ihr Gegenüber zu manipulieren. Sie gewinnen vielleicht eine einzelne Gesprächssituation, am Ende aber haben Sie in so einem Fall zu großer Wahrscheinlichkeit Ihren Gesprächspartner verloren.

Es ist in Kooperationen oder in Partnerschaften niemals zielführend, wenn Sie Ihren Gesprächspartner mit Strategien überrumpeln, damit er Ihnen in einer Angelegenheit zustimmt. Denn dann geht er von Ihnen weg und ist, sobald er Ihren unfairen Sieg begreift, massiv enttäuscht oder sogar auch erzürnt. Dies wird er Ihnen beim nächsten Zusammentreffen spiegeln oder auch als Reaktion Ihren Ruf schädigen. Ziel ist es, eine faire Gesprächsstrategie einzubringen. Dann können auch Verluste nachvollziehbar verdaut werden.

Wenn Sie zum Beispiel als Vorgesetzter eine Entscheidung treffen müssen, mit der sich Ihr Mitarbeiter nicht identifizieren kann, dann begründen Sie ausführlich, warum Sie dennoch diese Entscheidung getroffen haben. Es ist um ein Vielfaches besser, als irgendwelche Argumente vorzulegen, die täuschen oder tarnen. Dasselbe gilt für Ihr Privatleben. Enttäuschungen können besser verarbeitet werden, wenn ehrlich und offen über die Motive gesprochen wird.

Tipp 4 – Gut zugehört ist halb gewonnen

Hören Sie sehr aufmerksam zu, wenn Ihr Gegenüber spricht. Zeigen Sie Ihr Interesse auch über eine zugewandte Körperhaltung. Nur so vermitteln Sie Wertschätzung.

Lassen Sie im Falle unterschiedlicher Ansichten mindestens drei Sekunden verstreichen, nachdem Ihr Gegenüber ausgeredet hat. Dadurch haben Sie ausreichend Zeit, Ihre Antwort bewusst und konstruktiv zu setzen.

Bemühen Sie sich im Gespräch auch darum, dass Ihr Gegenüber Ihre Anliegen gut verstehen kann. (Konkretes dazu auch in der Bärenparabel zu Beginn des Kapitels: Was sie alles tun können, um auf nervendes Verhalten anders zu reagieren.)

Vermeiden Sie Monologe.

Tipp 5 – Zwischen Traumziel und Mindest-Agreement

Gespräche können immer anders verlaufen, als wir annehmen. Das bedeutet, manchmal laufen sie besser, manchmal um vieles schlechter. Wenn Sie sich hinsichtlich Ihres gewünschten Ergebnisses im Vorhinein gar nichts überlegt haben, wird es Ihnen im Verlauf des Gesprächs schwerfallen, alles konstruktiv aufzugreifen und zielgerichtet zu agieren.

Überlegen Sie sich deshalb im Vorfeld, was Ihr Traumziel in einem Gespräch ist. Seien Sie aber stets auch auf Ihr Minimalziel vorbereitet. Dies hat folgende Vorteile: Zum einen sind Sie in der Situation nicht so stark irritiert, wenn das Traumziel nicht erreicht werden kann. Zum anderen haben Sie Klarheit, was mindestens für Sie herauskommen soll. Können Sie Ihr Minimalziel nicht erreichen, beenden Sie das Gespräch ergebnisoffen mit Hinweis auf ein Folgegespräch.

Tipp 6 – Bleiben Sie authentisch

Bleiben Sie stets authentisch. Dieses Thema wurde bereits im Kapitel zur Körpersprache erläutert. Mehr Menschen, als Sie ahnen, haben ein Gespür für falsche Töne und falsche Inhalte. Sie sind instinktiv gesteuert und nehmen das auch wahr.

Vertrauen Sie in Ihren Reaktionen deshalb stets Ihrem Bauchgefühl und sprechen Sie das, was sie spüren, deutlich an. Voraussetzung dafür ist, Ihre Gefühle und Reaktionen sehr bewusst auf- und anzunehmen. Wenn dies für Sie ungewohnt ist oder Ihnen nur rudimentär gelingt, üben Sie sich in Ihrer Selbstwahrnehmung. Sie ist ein wesentlicher Grundstein für das Gelingen von zwischenmenschlichen Beziehungen. Nur wenn ich mir selbst vertrauen kann, werde ich die Fähigkeit entwickeln, in andere zu vertrauen und genau hinzuhören.

Tipp 7 – Zeigen Sie Gefühle

Zeigen Sie Gefühle. Beachten Sie dabei aber den konstruktiven Ausdruck Ihrer Gefühle. Wenn Sie ärgerlich sind, bedeutet das nicht, dass Sie jemanden anschreien sollen. Sondern dass es sinnvoll ist, den Ärger in passender Form auszudrücken.

Extreme Gefühlsdarstellungen verunsichern Ihre Umgebung mehr, als sie bringen. Sowohl eine Wüterei als auch eine zu überschwängliche Anteilnahme werden als unangenehm erlebt. Positive und negative Emotionen gemäßigt, aber offen zu zeigen, lädt zu einem ehrlichen und gewinnbringenden Miteinander ein.

Tipp 8 – Gehört bedeutet nicht verstanden

Fragen Sie nach, wenn Sie etwas nicht verstanden haben. Ihr Gesprächspartner wird Ihnen das sicher nicht übel nehmen, sondern vielmehr als Interesse interpretieren.

Achten Sie bei sich darauf, Ihre Botschaft verständlich zu senden. Ideale Sätze sind immer kurz und prägnant.

Tipp 9 – Interesse bleibt Interesse

Trennen Sie die Beziehung von der Sache. Versuchen Sie nicht, Beziehungsverbesserungen oder den Erhalt eines Beziehungsstatus durch Zugeständnisse zu erkaufen. Auch wenn Sie Ihr Gegenüber aufgrund einer langjährigen engen Freundschaft oder Partnerschaft nicht enttäuschen wollen, stehen Sie zu Ihren Interessen und der Sache, die Sie vertreten. Ansonsten laufen Sie Gefahr, unzufrieden aus den Gesprächen zu gehen. Irgendwann werden in Folge dann negative Emotionen die Gesprächssituationen oder Kooperationen lenken.

Tipp 10 – Nehmen Sie Druck aus Gesprächssituationen

Setzen Sie Ihre Gesprächspartner nicht unter Druck. Auch nicht unter Zeitdruck. Druck erzeugt immer Gegendruck. Zwingen Sie niemandem Ihren Willen auf, das engt Ihr Gegenüber ein.

Aus einer Zwangssituation entstehen mehr Konflikte als Lösungen. Lösungsorientierung und konstruktives Handeln entstehen aus einer Überzeugung. Deshalb versuchen Sie, mittels guter Argumente und ausreichender Nachdenkzeit Ihr Gegenüber zu motivieren.

Tipp 11 – Bleiben Sie in Gelassenheit

Wenn Sie in einem Gespräch angegriffen werden und es sich auf eine emotionale und eventuell unfaire Ebene zubewegt, reagieren Sie nicht mit einem Gegenangriff.

Bleiben Sie bei der Sache und sprechen Sie an, was Sie gerade jetzt beobachten.

Zum Beispiel: „Ich beobachte, dass unser Gespräch gerade sehr emotional wird und wir uns von den Fakten wegbewegen. Ich möchte eine kurze Gesprächspause und dann gemeinsam nochmals weiter reden, worum es jetzt in dieser Sache geht." Setzen Sie deutlich Grenzen oder vertagen Sie das Gespräch. Inhalte können immer wieder geklärt werden, eine Beziehungsverschlechterung benötigt sehr lange Zeit, bis sie wieder im Lot ist.

Unsere Emotionen steuern uns

Im Umgang mit schwierigen Menschen kann man sich sehr rasch in einer Konfliktsituation wiederfinden. Diese erkennen wir daran, dass sich mindestens eine Person beeinträchtigt fühlt. Wir sprechen dabei meist von einer Unvereinbarkeit von Meinungen, Standpunkten oder Zielen. Es müssen nicht alle Beteiligten eine Schieflage erleben, aber durch die Beeinträchtigung einer Person ist die Zufriedenheit bereits gestört.

Zielführend ist es, auf einen Konflikt so zu reagieren, dass freundschaftlich eine Einigung erreicht werden kann, ohne dass dabei eine Person unterliegt. Die Alternativen zu freundlicher Einigung sind klassischer Angriff oder Rückzug. Diese Alternativen hinterlassen aber immer negative Nachwirkungen, deren Konsequenzen manchmal auch erst zeitlich versetzt sichtbar werden.

An der Universität Harvard wird viel zum Thema Konfliktmanagement geforscht. Im Zuge dieser Forschungen wurde deutlich herausgearbeitet, dass Emotionen in Konfliktsituationen die wahren Richtungsgeber sind. Aufbauend auf diese Erkenntnis gibt es zahlreiche Modelle, die versuchen, sowohl eigene als auch fremde Emotionen zu lenken und zu leiten.

Es ist allerdings eine große Illusion zu glauben, dass wir alle einzelnen Emotionen in einer Situation lenken und leiten können. Wir wären dann nämlich in unserer Aufmerksamkeit so sehr mit den eigenen und fremden Emotionen beschäftigt, dass wir keine Kapazität mehr für die sachlichen Ziele der Situation hätten. Deshalb wurden von den Wissenschaftlern die wichtigsten emotionalen Grundbedürfnisse gefiltert, die jedem Menschen innewohnen. Wenn wir diese emotionalen Grundbedürfnisse im zwischenmenschlichen Umgang beachten und nähren, ist die Wahrscheinlichkeit sehr groß, dass wir auf der Beziehungsseite immer im konstruktiven Miteinander bleiben.

Die 5 wichtigsten emotionalen Grundbedürfnisse

Nach dem Forschungsmodell von Fisher und Shapiro (2007) gibt es folgende fünf emotionale Grundbedürfnisse des Menschen, die in einer Kommunikationssituation eine wesentliche Rolle spielen. Diese sind: Wertschätzung, Zugehörigkeit, Autonomie, Status und erfüllende Rolle. Ich werde diese im Folgenden kurz erläutern, da sie einen großen Einfluss auf den Verlauf von schwierigen Gesprächssituationen haben.

Wenn Sie diese Grundbedürfnisse kennen, können Sie im Umgang mit schwierigen Menschen darauf achten, sie zu erfüllen, und sich so das Leben selbst leichter machen.

1. *Wertschätzung* als Instrument bedeutet:
   - das Bemühen, die Standpunkte der anderen Seite zu verstehen,
   - das Bemühen, den Wert in den Ideen und Handlungen der anderen anzuerkennen,
   - das eigene Verstehen mit eigenen Worten und Taten auszudrücken,
   - anderen zu ermöglichen, den eigenen Standpunkt zu verstehen,
   - anderen zu ermöglichen, den Wert der eigenen Meinung zu erfassen,
   - anderen zu ermöglichen, die eigene Botschaft wirklich zu hören.

Instrumente, die Sie benötigen, um Ihrem Gegenüber Wertschätzung entgegenzubringen, sind:

- ehrliches Interesse und Neugier am anderen,
- offene Fragestellungen (Fragen, die nicht mit Ja und Nein beantwortet werden können),
- ausreichend Zeit und Rahmenbedingungen, die es ermöglichen, Gespräche zu führen, um die Interessen und Bedürfnisse einer Person zu erfassen.

2. *Zugehörigkeit* im Sinne eines Grundbedürfnisses beschreibt den Grad der Verbundenheit, den wir mit anderen erleben. Es beschreibt den sogenannten emotionalen Raum (Nähe und Distanz), der zwischen uns und anderen besteht.

- Wenn wir uns gut miteinander verbunden fühlen, achten wir auch gut aufeinander.
- Wir sind bedacht, die Interessen des anderen zu wahren.
- Es ist uns wichtig, dass es dem anderen gut geht.
- Wir sind offener für die Ideen der anderen Seite.
- Wir sind eher dazu bereit, Standpunkte zu verändern oder auch zu erweitern.

Instrumente, die Sie für den Aufbau von Zugehörigkeit benötigen, sind:

- Finden Sie heraus, wo zwischen Ihnen und Ihrem Gegenüber Gemeinsamkeiten liegen, zum Beispiel ein gemeinsames Hobby, gemeinsame Bekannte, ähnlicher Geschmack etc.
- Durch Gemeinsamkeiten dieser Art können Sie gut Verbindungen herstellen, die Vertrauen aufbauen.

3. *Autonomie* in diesem Sinne bezeichnet unsere wahrgenommenen Möglichkeiten, Entscheidungen zu beeinflussen. Wahrgenommene Möglichkeiten bedeutet nicht unbedingt, dass wir diese Möglichkeiten auch wahrnehmen wollen. Es heißt, dass ich in einer Situation Möglichkeiten habe, eine Entscheidung mitzubeeinflussen. Ob ich davon Gebrauch mache, hängt einzig und alleine von mir ab und ist nicht erzwungen. Deshalb ist es immer zielführend, Ihrem Gegenüber die Möglichkeit zu geben, sich bei Entscheidungen einzubringen. Es wurde erwiesen, dass negative Emotionen, die aufgrund von nicht vorhandenen Mitentscheidungsmöglichkeiten zustande kommen, um ein

Vielfaches unangenehmer erlebt werden als negative Emotionen, die aufgrund einer gemeinsamen nicht guten Entscheidung zustande kommen.

- Achten Sie immer darauf, sich bestmöglich einzubringen oder einbringen zu können. Fordern Sie dies, wenn notwendig, auch ein.
- Geben Sie Ihrem Gegenüber, wann immer es möglich ist, eine Mitentscheidungsmöglichkeit. Wenn dies nicht möglich ist, weil die Situation es nicht zulässt, erklären Sie dies ausführlich.

4. *Status* beeinflusst immer sowohl unseren Selbstwert als auch unsere Einflussmöglichkeiten. Personen mit einem höheren Status schätzen sich automatisch mit einem höheren Wert ein und es wird ihnen in unserer Gesellschaft vielfach mehr Respekt zugeschrieben.

Der Status einer Person kann eine gute Leistung in einem Schwimmverein sein, die Mitgliedschaft in einem Musikverein, eine gute Leistung in einer Putztruppe, eine hohe Position in einer Firma. Status kann in jeder Hinsicht erreicht werden und ist nicht an berufliche Situationen gebunden Das Erreichen von Status hat entweder etwas mit persönlichem Einsatz zu tun, oder er wird vererbt.

Jede Person will den ihr zustehenden Status anerkannt haben. Wenn dies nicht geschieht, fühlt sie sich unwohl. Denn wird die Anerkennung des Status untersagt, fühlt sich die Person in ihrem Selbstwert angegriffen.

Der Status einer Person kann sich jederzeit verändern und erhöhen. Das kann auch Auswirkungen auf Sie und Ihre Handlungsmöglichkeiten haben. Deshalb ist es sehr ratsam, immer so miteinander umzugehen, dass Sie bei einer Statusänderung Ihres Gegenübers keine negativen Konsequenzen zu erwarten haben.

Die Anerkennung von Status findet statt über:

- das Einholen von Informationen über eine Person,

- das verbale und nonverbale Anerkennen des Status einer Person,
- das aktive Informieren Ihres Gegenübers über Ihren persönlichen Status, damit die Person auch die Möglichkeit hat, Ihren Status anzuerkennen.

5. *Erfüllende Rollen:* Jeder von uns hat im Leben eine Vielzahl von Rollen. Je nach Situation nehmen wir die Rolle der Mutter, der Tochter, der Lehrerin, der Führungskraft, der Freundin, der Nichte, der Nachbarin und viele weitere ein. Jede dieser Rollen verknüpfen wir mit einem bestimmten Selbstbild. Das bedeutet, wir haben eine bestimmte Vorstellung davon, wie wir diese Rolle ausfüllen wollen. Jede Person, die uns hindert, die Rolle nach unserer Vorstellung zu erfüllen, oder uns vorgibt, wie wir sie zu erfüllen haben, kann Konflikte in uns auslösen. Wenn Sie zum Beispiel in Ihrer Mutterrolle Ihr Kind bei den ersten speziellen Ereignissen begleiten wollen, werden Sie sehr unzufrieden, wenn Ihr Chef Ihnen zu diesen Anlässen nicht frei gibt. Oder wenn Ihnen die Möglichkeit untersagt wird, Ihren Ehepartner bei seinen wichtigsten Karrierefeiern und Auszeichnungen nicht begleiten zu können.

Um Konflikte von vornherein auszuschließen, ist es sinnvoll, sich zu informieren, wie sich jemand in einer bestimmten Rolle erleben möchte. Gleichzeitig ist es empfehlenswert, andere davon zu informieren, wie wir selbst eine bestimmte Rolle ausführen wollen. Denn diese Rollen sind Teil unserer Identität. Dabei sind diese persönlichen Rollenbilder nicht starr, sondern wir entwickeln diese stets auch weiter. Was im Alter von zwanzig Jahren in unserer Vorstellung war, muss mit dreißig oder vierzig Jahren nicht mehr gleich sein. Deshalb ist es wichtig, immer wieder über die Rollenbilder zu reden.

Ermöglichen von erfüllenden Rollen findet statt über:

- das Einholen von Informationen, wie jemand eine Rolle ausfüllen will

- das Vermitteln von Informationen, wie Sie selbst eine Rolle ausfüllen wollen
- das Zurverfügungstellen eines Rahmens, die jeweiligen Rollen immer wieder gemeinsam zu reflektieren.

Eine verantwortungsvolle Haltung, in der Sie immer bemüht sind, sowohl die emotionalen Grundbedürfnisse der anderen Seite als auch Ihre eigenen zu wahren, führt Sie stets auf einen guten Weg, Konflikte vorzubeugen oder sie aufzulösen.

Emotionaler Temperatur-Check

Um alle Herausforderungen im Miteinander bestmöglich zu gestalten, ist es wichtig, dass Sie trotz Herausforderung in einem Gelassenheitsmodus bleiben. Wenn Sie Gefahr laufen, in starke Emotionen und damit außer Kontrolle zu geraten, sind Sie ein Risikofaktor für das Eskalieren einer Situation. Sie befinden sich dann in einem emotionalen Zustand, in dem Sie die emotionalen Grundbedürfnisse Ihres Gegenübers nicht berücksichtigen und auch Ihre eigenen nicht einfordern werden.

An dieser Stelle ist ein Notfallplan angesagt. Kühlen Sie sich emotional ab mit den Strategien im Kapitel „Die Verarbeitung emotionaler Angriffe oder Verletzungen“ oder unterbrechen Sie die Situation und greifen Sie diese zu einem späteren Zeitpunkt neu auf. Denk- und Verhaltensweisen, die Sie in starken Emotionen in sich haben, sind niemals lösungsorientiert und weitsichtig. Diese sind stets auf Angriff oder Verteidigung ausgerichtet, nur auf den Moment bezogen und ohne Anspruch auf Ganzheitlichkeit. Im optimalen Fall identifizieren Sie rasch, welche Ihrer fünf emotionalen Grundbedürfnisse in einer Konfliktsituation nicht erfüllt sind. Je klarer Sie darin sind, desto deutlicher können Sie diese auch einfordern.

In meiner Coachingpraxis hat mir eine Kundin freudestrahlend erzählt, wie sie ihren Kunden, mit dem sie in einer wichtigen Verhandlung in Richtung Eskalation abgedriftet ist, gelenkt hat. Die Situation begann während des Gesprächs plötzlich zu entgleiten, weil der Kunde merkte, dass er sein Verhandlungsziel nicht erreichen kann. Daraufhin begann er, meine Kundin auf eine üble, untergriffige Art persönlich zu attackieren. Sie sprach diese Manipulationen direkt an: „Ich fühle mich im Moment von Ihnen weder wertgeschätzt noch in meinem Status anerkannt. Ich verstehe Ihren Ärger, bitte Sie aber, mit sachlichen Argumenten das Gespräch fortzuführen. Anderenfalls werden wir hier gemeinsam eskalieren und im Streit auseinandergehen. Dadurch wird die Situation nur verschlechtert." Aufgrund dieser Mitteilung begann der Kunde im Gespräch sachlich fortzufahren und sie verabschiedeten sich in der gewohnten Professionalität.

Wie unser Gehirn funktioniert und neue Reaktionsmuster entstehen

Um besser zu verstehen, weshalb ich Ihnen in diesem Buch verschiedene und sehr spezielle Strategien und Betrachtungsmöglichkeiten aufzeige, möchte ich Sie ein wenig in die Welt unseres Gehirns einführen. Je besser wir verstehen, wie unser Handeln und Denken abläuft, umso leichter fällt es uns, Strategien als zielführend zu erkennen und diese umzusetzen.

Mittlerweile haben Forschungen sehr gut bewiesen, dass im menschlichen Gehirn drei Systeme enthalten sind. Diese sind gut miteinander vernetzt und interagieren in einem gemeinsamen Verarbeitungsprozess.

Das *Reptiliengehirn (oder Hirnstamm)* ist der älteste Teil, der sich schon sehr früh in der evolutionären Entwicklung gebildet hat. Es reguliert lebenswichtige Bereiche wie die Atmung, Herzschlag, Nahrungsaufnahme oder Darmtätigkeit, aber ebenso die elementaren Reflexe wie unsere Bereitschaft zur Flucht, zum Kampf oder zum Erstarren. Einer dieser drei Reflexe wird immer dann ausgelöst, wenn wir uns in einer Situation befinden, die uns bedroht. Dies kann eine physische Bedrohung sein, aber auch eine emotionale, im Sinne von emotionaler Verwundbarkeit.

Im *emotionalen Gehirn oder limbischen System* entstehen unsere Empfindungen, wie beispielsweise unsere Sehnsucht nach Nähe oder Geborgenheit. Zusätzlich werden in diesem Teil alle emotionalen Erfahrungen gespeichert. Die Speicherung findet bereits differenziert statt, in positive und negative Erfahrungen.

Der *Neokortex* ist jener Teil unseres Gehirns, mit dem wir Situationen bewusst analysieren und die daraus gewonnenen Erinnerungen abspeichern. Dieser Teil des Gehirns enthält unsere Fähigkeit, uns in andere einzufühlen und Konsequenzen unserer Handlungen abzuschätzen.

Der Einfluss des Neokortex auf die anderen beiden Systeme ist geringer als umgekehrt. Das bedeutet, wir müssen immer zuerst unser emotionales Erleben an die Oberfläche bringen und dann können wir mithilfe des Neokortex die ablaufenden Emotionen bewusst machen und verarbeiten. Wenn wir unser emotionales Erleben unterdrücken, kann der Neokortex niemals verarbeiten, was sich tatsächlich in uns abspielt. Im Alltag bedeutet dies, wenn ich meine Kränkungen, die ich von einer Person erfahren habe, unterdrücke, dann werden diese abgespeichert. Die Person oder jede Person, die der Person oder Situation ähnlich ist, die mich gekränkt hat, kann damit in mir negative Emotionen auslösen. Der Grund dafür ist, dass ich die ursprüngliche Kränkung niemals differenziert verarbeitet, bewertet und aufgelöst habe. Nur wenn ich eine Kränkung gezielt annehme und aufkommen lasse und diese Emotion aushalte, habe ich die Möglichkeit, diese im Neokortex zu verarbeiten, sowohl hinsichtlich der Person als auch der Situation.

Alle Wahrnehmungen und Erlebnisse, die ohne die anderen Systeme analysiert und verarbeitet werden, sind somit niemals das gesamte Erleben. Das Wesentliche bleibt dann in der Unterdrückung und kann somit nicht konstruktiv verarbeitet werden.

Vorsicht, Trigger!

Was unser Reptilienhirn betrifft, so reagiert es immer sofort auf unsere Außenreize. Das kann ein physischer oder emotionaler Angriff sein oder eine Trigger-Situation. „Trigger“ bezeichnet einen Auslöser. Das heißt, man nimmt eine Person oder Situation wahr, die die Erinnerung an eine alte Erfahrung weckt. Zum Beispiel: Sie wurden zutiefst von einem Ihrer Freunde gekränkt. Diese Kränkung war so massiv, dass Sie, um dem emotionalen Schmerz und der Scham zu entkommen, diese sofort unterdrückt haben. Nun sitzen Sie mit Freunden in einem Wirtshaus, haben ein bisschen Wein getrunken und plötzlich beginnt jemand über diese Person zu reden und wie unverschämt das Verhalten damals Ihnen gegenüber war. Sie erinnern sich sehr deutlich. Die Erinnerung ist allerdings so intensiv, dass Sie das Gefühl haben, diese Erfahrungen gerade jetzt – in der Gegenwart – erneut zu erleben. Das heißt, die Erinnerung fährt mit großer Wucht in das Bewusstsein. Es kann nicht mehr unterschieden werden, ob die ausgelösten Gefühle der Vergangenheit angehören oder durch die aktuelle Situation ausgelöst werden. Als „getriggerte" Person reagiert man somit, als würde man sich in der alten Situation befinden. In diesem Beispiel würden Sie jetzt den Erzähler dieser Geschichte anfahren und wahrscheinlich wütend angreifen. Dies ist für das Umfeld oft nicht nachvollziehbar, weil die Reaktionen meist überzogen sind.

Als Trigger können ganz schwache Signale wie ein Jahrestag, ein Geräusch oder eine Mimik dienen, aber auch starke Signale wie die Ähnlichkeit einer Person oder die Ähnlichkeit einer Aufgabenstellung. Meist ist uns nicht bewusst, dass wir in einer Situation „getriggert" sind, und wir sind oft selbst sehr überrascht, wie heftig wir reagieren.

Eine gute Faustregel lautet: Wenn Sie überreagieren, stellen Sie sich immer die Frage: *„Ist diese Reaktion situationsadäquat oder verbinde ich damit vergangene Erlebnisse?"* Trigger können sowohl positiv, als auch als sehr bedrohlich empfunden werden.

Wenn Sie zum Beispiel das Verhalten eines Narzissten, eines Besserwissers oder irgendeines anderen genannten Typus immer wieder besonders nervt, Sie besonders intensiv reagieren, ist es sinnvoll sich die Frage zu stellen, welche unverarbeiteten Enttäuschungen Sie mit diesem Menschentypus erleben.

Die Verarbeitung emotionaler Angriffe oder Verletzungen

Gerade im Umgang mit schwierigen Menschen ist es wichtig, emotionale Angriffe oder Verletzungen rasch und bestmöglich aufzulösen. Sie geraten ansonsten in intensive, destruktive Dynamiken. Ihr Gegenüber können Sie niemals ändern. Ändern können Sie nur den Umgang mit den jeweiligen Menschen und den Situationen.

Wenn wir uns emotional bedroht oder verletzt fühlen, reagieren wir immer in *drei Schritten*.

Im ersten Schritt erfolgen *Reaktionen im Reptiliengehirn.* In diesem System haben wir mehrere Handlungsmöglichkeiten. Entweder wir verdrängen oder vermeiden den Schmerz und fliehen. Das heißt, wir reagieren nicht oder wir verlassen die Situation. Eine weitere Möglichkeit ist, wir entwickeln Wut und beginnen zu kämpfen. Als letzte Alternative können wir in einen Zustand der Gleichgültigkeit verfallen, in dem wir unsere Gefühle gedämpft erleben und gleichzeitig erstarren. Diese Reaktionen sind ganz natürliche Reaktionen auf negative Außenreize. Jeder Mensch handelt nach seiner persönlichen Veranlagung vermehrt in einer dieser Handlungsmöglichkeiten. Das heißt, es gibt Kampftypen, Fluchttypen oder Menschen, die erstarren. Natürlich kann sich das Verhalten situativ verändern, aber meist reagieren wir entsprechend unserer Veranlagung.

Im zweiten Schritt kommt es zu *Reaktionen im emotionalen Gehirn.* Dies ermöglicht uns bei Verletzungen und Angriffen, Abstand zu den überwältigenden Impulsen wie Kampf, Flucht und Erstarrung zu gewinnen. Denn in diesem Schritt nehmen wir unsere Gefühle bewusst wahr und entwickeln sowohl Mitgefühl für uns selbst als auch für den anderen. Das heißt, wir machen uns in diesem Schritt klar, was genau uns emotional aufwühlt.

Im dritten Schritt schließlich folgen die *Reaktionen im Neokortex.* Diese finden immer in Verbindung mit dem emotionalen Gehirn statt, denn um das Erlebte, das heißt die Gefühle und das Mitgefühl, zu überwinden, analysieren wir dieses und lernen daraus. Das bedeutet, wir stellen es in Bezug, beginnen es zu bewerten und eventuell auch zu relativieren und damit das Erlebte auch anders zu handhaben.

Diese drei Verarbeitungsmechanismen arbeiten koordiniert. Wenn wir uns bedroht oder verletzt fühlen und wie erwähnt in den Kampf-, Flucht- oder Erstarrungsmodus verfallen, benötigt es meist einige Zeit, bis wir dann in weitere Verarbeitungsschritte gelangen.

Das zeitliche Verharren im Reptiliengehirn ist immer abhängig von unseren Bewertungen der Situation. Wenn mich zum Beispiel mein Kollege, der mich schon seit vielen Jahren nervt, anschreit und ich damit in den Kampfmodus falle, werde ich eventuell zurückschreien. Während des Zurückschreiens werde ich innere Kommentare setzen, wie „Was bildet der sich denn ein? Das geht ja gar nicht! Dem muss ich zeigen, dass ich mir so etwas nicht gefallen lasse“. Mit diesen inneren Kommentaren intensiviere ich meinen Kampfmodus. Mein ganzes System wird motiviert, den Feind besiegt in die Flucht zu schlagen. Das Adrenalin fließt in alle Gliedmaßen, ich bin kampfbereit und mein rational-logisches Denken fällt gleichzeitig in ein frühkindliches Entwicklungsstadium. Vereinfachtes Denken in Schwarz-weiß-Manier findet statt. Sie können sicher sein, dass Sie sich als gut erleben und das Gegenüber als schlecht. Diese Polarisierung liegt in unserer Natur.

Konkret bedeutet das, es ist sehr schwierig, aus so einem impulsiven Modus in den nächsten Verarbeitungsschritt zu gelangen. Dafür haben wir zwei sehr brauchbare Möglichkeiten zur Verfügung.

1. *Emotionen abkühlen:* Es gibt eine Menge an Strategien, mit denen wir intensive Emotionen beruhigen können.

- Sie können während der Angriffssituation Ihre Aufmerksamkeit auf eine schöne Erinnerung lenken wie einen Urlaub, einen schönen Abend oder sonstiges. Wenn Sie mit Ihrer Aufmerksamkeit ein bisschen in der angenehmen Situation verharren, werden Sie spüren, wie Ihre Emotionen sich beruhigen und abkühlen. Die Emotion folgt nämlich Ihren Gedanken und Eindrücken.

- Sie können Ihre Aufmerksamkeit auf Künftiges lenken. Sie überlegen, was Sie heute zum Abendessen wollen oder was Sie Ihrem Partner zum Geburtstag schenken, was Sie sich zu Weihnachten wünschen oder Ähnliches. Auch hier gilt, durch das Ablenken der Aufmerksamkeit auf eine andere Situation kühlt die Ausgangsemotion ab.
- Zählen Sie von hundert in Siebenerschritten auf null. Sie müssen dadurch Ihre Aufmerksamkeit bündeln und schützen sich vor impulsiven, negativen Reaktionen.
- Falls Sie Entspannungstechniken zur Hand haben, wie zum Beispiel autogenes Training, setzen Sie diese gezielt ein, um sich bewusst in einen Entspannungsmodus zu begeben. Damit verringern Sie die Gefahr, die Diskussion von sich aus in eine Eskalation zu treiben.
- Es macht generell Sinn, sich Entspannungsmethoden anzueignen, die Sie situativ, routiniert anwenden können. Es bedarf einer Routine, damit solche Strategien in Akutsituationen wirken.

Natürlich können Sie sich bei diesen Strategien fragen, ob Ihr Gegenüber nicht bemerkt, dass Sie mit Ihrer Aufmerksamkeit ganz woanders sind und sich dadurch noch mehr provoziert fühlt. Erfahrungsgemäß dauert es je nach Persönlichkeit Ihres Gegenübers einige Zeit, bis Ihr Gegenüber in seiner Aufregung das sehr deutlich spürt. Zu diesem Zeitpunkt sind Sie meist schon in einem gelasseneren Zustand und können um ein Vielfaches konstruktiver reagieren als in einer reaktiven Impulsivität.

2. *Unterbrechung der Situation:* Sobald wir erkennen, dass wir in einen Anfeindungsmodus abgedriftet sind, kommentieren wir diesen zum Beispiel wie folgt: *„Ich glaube wir befinden uns gerade in einer sehr emotionalen Situation. Um eine gute Lösung zu erhalten, würde ich gerne eine kurze Pause einlegen. Ich denke, dass wir anschließend das Gespräch wieder konstruktiver fortführen können."* Oder: *„Die Situation ist im Moment sehr intensiv. Ich würde mir gerne ein paar Gedanken dazu machen und bitte um eine kurze Unterbrechung. Wir können gerne später oder bei unserer nächsten Besprechung das Thema wieder aufgreifen."*

Manche Menschen sind der Ansicht, dass jener, der eine Konfliktsituation unterbricht, als schwach oder als Verlierer wahrgenommen wird. Allerdings ist das Gegenteil der Fall. Denn es bedarf des Mutes, der Strategie und Vorausschau, eine angespannte Situationen mittendrin bewusst zu unterbrechen. Wenn Sie durch einen Kampfmodus Ihr Gegenüber beleidigt oder gekränkt haben, wird Ihr Gegenüber dies in seinem Gehirn abspeichern und oft lebenslang mit sich tragen. Das heißt, bei jeder Begegnung mit Ihnen gibt es einen Auslöser, einen „Trigger". Die Erinnerung an die Kränkung wird aktiviert und mit negativen Gefühlen verbunden.

Sie können damit künftig nur noch schwer in eine konstruktive, angenehme Beziehung mit dieser Person treten, außer die Person hat Ihnen bewusst vergeben (wovon Sie nicht ausgehen können).

Deshalb ist es zielführend, sich und den anderen zu schützen und hoch emotionale Situationen zu unterbrechen. Wie lange Sie am besten unterbrechen, hängt von den jeweiligen Charaktereigenschaften ab. Es gibt Personen, die vergeben relativ rasch, bewerten das Geschehene als nichtig und es kann bald wieder weitergesprochen werden. Es gibt aber auch Charaktere, die brauchen eine längere Auszeit, um konstruktiv weiterreden zu können. Wichtig ist es, darauf Rücksicht zu nehmen.

Manchmal bekomme ich die Frage gestellt, ob ein heftiger Streit nicht auch ein klärendes Gewitter sein kann? Das mag sicher so sein. Die heftigen Emotionen eines Streits bergen aber stets ein gewisses Risiko ungewollter Kränkungen in sich.

Wenn es uns gelungen ist, aus den starken Reflexen und Impulsen des Reptilienhirns in unser emotionales Gehirn zu gelangen, haben wir einen deutlichen Schritt im Umgang mit unseren Emotionen gesetzt. Denn im limbischen System haben wir bereits die Möglichkeit, uns mit unseren Gefühlen auseinanderzusetzen und so etwas wie Mitgefühl für den anderen zu entwickeln. Wir können uns in diesem Modus klarmachen, was konkret die Ursache unserer Emotionen ist und wie wir aus diesen wieder herauskommen. Ebenso können wir in dieser Phase bereits Visualisierungsstrategien und gezielte Lösungsorientierung anwenden, um die Situation möglichst gut zu deeskalieren. Folgende konkrete Strategien können Sie dabei anwenden:

- *Visualisieren* Sie, wie Sie aus dem Gespräch herausgehen möchten: als tobender Angreifer, der den anderen beherrscht und besiegt hat, oder als ein wohlwollender Vermittler, der weitsichtig versucht, dass alle unbeschädigt bleiben. Beachten Sie dabei: In der Stimmung, in der Sie auseinandergehen, werden Sie sich wiedertreffen.
- *Achtsamkeit und Balkonstrategie*: Während Ihr Kollege Sie anschreit, gehen Sie in den Modus der gezielten Aufmerksamkeit und beginnen, wie ein Theaterbesucher, das Schauspiel aus einer Loge heraus zu betrachten. Sie benennen vor Ihrem geistigen Auge das Verhalten des Kollegen und versuchen, seine Motive zu filtern. Zum Beispiel: *„Der rastet gerade ziemlich aus. Der fühlt sich höchstwahrscheinlich gerade selbst sehr schlecht, angegriffen oder gedemütigt.“* Sie be-

nennen Ihre eigenen Gefühle in dieser Situation. Zum Beispiel: *„Ich fühle mich gerade sehr unwohl, angegriffen und spüre, dass ich aggressiv werde.“* Dann stellen Sie sich vor, wie Sie als Regisseur die Situation zielführend lenken und leiten. In einem nächsten Schritt überlegen Sie, welche konkreten Aktionen Ihrerseits Sie setzen werden, um zu deeskalieren. Zum Beispiel sagen Sie: *„Ich sehe, Sie sind sehr aufgeregt. Können wir darüber reden, wie wir zu einer Lösung kommen können?“*

Um eine Situation konstruktiv abzuschließen, analysieren wir diese und ihre einzelnen Abläufe im Neokortex und bewerten das Geschehene. Durch diese Bewertung kann es zu einem Lernschritt kommen, indem wir daraus Schlüsse ziehen. Das heißt, wenn wir die Situation konstruktiv beenden konnten, werden wir auch künftig in diesen Handlungsmustern agieren. Sollte das Ziel nicht erreicht worden sein, so kommt es zu einer Neubewertung unseres Handlungsmusters und wir werden künftig andere Schritte setzen. In diesem Sinne ist der Neokortex für unser Lernen zuständig.

Die Zeit heilt alle Wunden …?

Wenn es um zwischenmenschliche Verbindungen geht, sind wir immer besonders verwundbar. Menschen können uns so sehr verletzen, dass uns die Erinnerung an diese Verletzung nicht mehr loslässt. Wir sind dann dermaßen erschüttert, dass wir diese immer mit uns tragen. Das bedeutet, sie lassen uns auch nach Jahren nicht mehr los.

Um in persönliche Balance zu kommen, ist es notwendig, dass Verwundungen in allen drei Gehirnbereichen gleichermaßen verarbeitet werden konnten. Solange uns starke Gefühle immer wieder überkommen, ist die Verarbeitung im Neokortex nicht abgeschlossen. Eine Möglichkeit, starke, vergangene Emotionen im Neokortex aufzuarbeiten, ist die *Vergebung.* In der ursprünglichen Bedeutung meint Vergebung etwas loszulassen, etwas fortzugeben, etwas zu verschenken. Denn wer vergibt, verzichtet auf Rache und Vergeltung. Der Vergebende beschenkt gewissermaßen den Verursacher mit Verständnis und Güte. Er beschenkt dabei gleichzeitig sich selbst mit Fürsorge. Denn durch die Vergebung löst er sich von den belastenden Gefühlen.

Es gibt auch die Ansicht, dass Vergeltung und Hass psychologisch gesund sein können. Allerdings konnte in vielen Forschungen nachgewiesen werden, dass es einen deutlichen Zusammenhang zwischen Vergebung und körperlicher Gesundheit gibt. Vergebung stabilisiert zudem die Psyche. Denn Vergeltung ist stets mit einem entscheidenden Nachteil verbunden. Sie kann in eine Spirale der Gewalt oder eines Konflikts führen, die nie endet und eventuell zunehmend größere Kreise zieht.

Solange wir im Zuge starker negativer Emotionen in unserem Reptilienhirn und emotionalen Gehirn verharren, solange sperren wir uns in die Rolle eines Opfers ein. Damit verbinden wir uns mit denjenigen Personen, die uns gedemütigt oder ungerecht behandelt haben. Wir sorgen nicht für uns selbst, sondern fühlen uns ohnmächtig. Ein bedeutender Nachteil dieser unabgeschlossenen Verarbeitung ist, dass wir manchmal den erlebten Schmerz unbewusst oder bewusst bei anderen auslösen. Das heißt, wir reinszenieren das einmal Erlebte.

Stellen Sie sich vor, Ihre Eltern haben Ihnen als Kind ständig vermittelt, dass Sie nicht gut genug sind. Diese Beziehungserfahrung haben Sie fest im emotionalen Gehirn abgespeichert. Im Erwachsenenalter kann es dann möglich sein, dass Sie auch Ihren eigenen Kindern oder Ihrem Partner das Gefühl geben, nicht in Ordnung zu sein. Das geschieht meist auf einer sehr unbewussten Ebene. Sie verwenden dann Sätze oder Verhaltensweisen, die Sie selbst geprägt haben. Das ist Ihnen meist nicht bewusst. Ursache dafür ist, dass Sie das Erlebte niemals vollkommen verarbeitet haben. Die vollkommene Verarbeitung findet dann statt, wenn das Erlebte auch im Neokortex bewusst gemacht wurde und somit eine Neubewertung und neue Handlungsmöglichkeiten offen werden.

Deshalb ist das allgemein gebräuchliche Sprichwort „Die Zeit heilt alle Wunden" nicht wirklich zutreffend. Wenn wir echte Veränderungen in unserer Art des Erlebens wahrnehmen, dann liegt es nicht daran, dass Zeit zwischen dem Erlebten und jetzt vergangen ist, sondern dass wir zwischenzeitlich einen Weg gefunden haben, das Erlebte zu verarbeiten. Eventuell sogar zu vergeben. Das eine Verarbeitung Zeit benötigt, ist richtig. Und in diesem Sinne wäre auch das Sprichwort passend.

In all diesen Ausführungen wird deutlich, wie wichtig Verarbeitungs- bzw. Vergebensprozesse für uns selbst sind. Auf dem Weg dorthin ist es wichtig, die Motive und Umstände, aus denen heraus das Gegenüber gehandelt hat, zu verstehen. Wenn wir unseren Widersacher nicht verstehen, neigen wir dazu, ihn auf die Tat zu reduzieren. Wir vergessen dann, dass es ein Mensch mit vielen Facetten und Widersprüchen ist. Wenn wir uns in den anderen einfühlen, gelangen wir manchmal zu der Einsicht, dass wir „eventuell in deiner Situation, mit deinen momentanen Möglichkeiten und deiner prägenden Geschichte genauso gehandelt hätten wie du".

Wenn das geschieht, sind wir der ganzheitlichen Verarbeitung und Vergebung schon sehr nahe. Das bedeutet allerdings nicht, dass wir das Tun des anderen rechtfertigen. Vergebung ist immer eine psychische Veränderung in einer Person, ist aber niemals ein zwischenmenschlicher Prozess. Der zwischenmenschliche Prozess ist die Versöhnung. Bei der Versöhnung setzen sich beide miteinander auseinander. Dafür ist es notwendig, dass sich auch der Widersacher mit seiner Schuld beschäftigt. Echte Versöhnung findet nur dann statt, wenn sich die Machtverhältnisse verändern. Das bedeutet, dass der Verletzte den Schlüssel in die Hand bekommt und der Verletzende für seine Tat um Vergebung bittet.

Auch wenn uns trotz intensiver Auseinandersetzung mit Erlebtem und innerlicher Vergebung immer wieder negative Gefühle zu einer Situation hochkommen, bedeutet das nicht, dass wir sie nicht zur Gänze verarbeitet haben. Vergebung heißt nicht vergessen. Es bedeutet aber, dass wir das Erlebte als einen Teil unserer Geschichte sehen und uns nicht mehr davon beherrschen lassen.

Bausteine für Gelassenheit

Buddhisten sind Weltmeister der Gelassenheit. Die fernöstlichen Lehren und Übungen, in denen fast immer das Streben nach Gelassenheit eine große Rolle spielt, sind bei uns im Westen nur teilweise beliebt. Wir sind es gewöhnt, rasch Dinge zur Hand zu haben, die wir haben wollen. Gelassenheit lässt sich aber nicht einfach zur Hand nehmen.

Gelassenheit ist eine Strategie, der man sich widmen muss. Sie kann uns sehr gut helfen, mit Enttäuschungen und Stress besser fertigzuwerden. Setzt man Gelassenheit im Sinne eines Rettungsankers ein, bedeutet das aber nicht, ein gelassener Mensch zu sein. Es ist jedoch ein sehr hilfreiches Instrument, um in schwierigen Situationen ein Stück Gelassenheit einzubringen. Gerade der Umgang mit Menschen, die wir als aufreibend erleben, erfordert von uns Gelassenheit. Diese ist die beste Basis, um die vorgestellten, konstruktiven Steuerungsmöglichkeiten zur Umsetzung zu bringen.

Anbei finden Sie Übungen auf dem Weg zu innerer Gelassenheit in schwierigen Situationen.

Unser innerer Richter

Psychologen haben herausgefunden, dass wir täglich zwischen 12.000 und 60.000 Gedanken haben und davon circa 80% negativ sind. Wir machen uns Gedanken darüber, welche Fehler wir gemacht haben, ob wir uns schuldig fühlen müssen oder ob wir richtig denken und handeln. Unser innerer Richter ist ständig aktiv und die Selbstverurteilung ist eine der größten Barrieren zur Gelassenheit. Deshalb macht es Sinn, eigene Gedanken und die Gefühle, die wir damit auslösen, zu identifizieren. Nur so können wir uns selbst lenken und in Gelassenheit bringen.

Überprüfen Sie Ihre Selbstanklagen und versuchen Sie, so mit sich zu reden, wie Sie mit Ihrer besten Freundin oder Ihrem besten Freund reden würden, wenn er Ihnen davon erzählt.

Selbstfürsorge

Es mag viele Akzente geben, wie wir mit anderen kommunizieren und in der Art, wie wir Beziehungen gestalten. Eine sinnvolle Basis ist es, eine positive Beziehung zu sich selbst zu haben. Nur wenn Ihr eigener Energie- und Gefühlstank aufgefüllt ist, haben Sie die Gelassenheit und Toleranz, anderen positiv zu begegnen. Selbstfürsorge ist ein Baustein für Gelassenheit.

- Kennen Sie das Niveau Ihres Energietanks?
- Ist er zu 80% oder zu 20% gefüllt?
- Wie viel Fülle brauchen Sie, um sich wohlzufühlen?
- Wissen Sie, was Ihre Energiefüller und Energieräuber sind?
- Wissen Sie, womit Sie sich Gutes tun können?

Es braucht nicht viel, um sich Energie zuzuführen oder in Selbstfürsorge zu sein. Zielführend ist es, den Umgang mit sich selbst zu ritualisieren. Zum Beispiel können Sie sich einmal pro Woche einen ausgiebigen Spaziergang schenken. Sie können sich regelmäßig einen Nachmittagsschlaf gönnen oder ein beruhigendes Bad. Es kann aber auch die Zeit mit einem Lieblingsbuch sein, der Genuss einer Lieblingsmahlzeit, eine Stunde für sich allein zu sein, ein schönes Konzert zu besuchen.

Überdenken Sie, welche Geschenke Sie sich in letzter Zeit gemacht haben. Reichen diese aus, um sich jeden Tag, wenn Sie morgens aufstehen, zufrieden und angenehm zu fühlen?

Abgrenzung

Sie haben nur eine Lebenszeit zur Verfügung. Es ist sinnvoll, diese vorhandene Lebenszeit in eine Qualitätszeit zu bringen. Dazu gehört es auch, Situationen oder Verhaltensweisen zu unterlassen oder so zu steuern, dass gewisse Dynamiken erst gar nicht entstehen.

Überlegen Sie, wozu Sie in Zukunft ganz konkret Nein sagen möchten. Das kann Erwartungen, die andere an Sie stellen, betreffen, die Beschäftigung mit materiellen Gütern, die Sie belasten, Personen in Ihrem Leben, die Ihnen nicht guttun, oder Denk- und Verhaltensweisen, mit denen Sie sich selbst einschränken.

Das Ziel ist, sich auf Ihre Lebensqualität zu konzentrieren. Mehr lesen Sie dazu auch im Kapitel „Grenzen setzen: bis hierher und nicht weiter" weiter vorne im Buch.

Gewohnheiten verändern

Um neue Denk- und Verhaltensweisen in Ihrem Leben zu verankern, müssen sie erst einmal zu Gewohnheiten werden. In folgender Skala finden Sie eine Möglichkeit, Ihre alten Gewohnheiten im Umgang mit den Typologien zu konkretisieren und neue festzulegen und zu überprüfen.

Typus	Gewohnheit, auf diesen Typus zu reagieren	Neue Denk- und Verhaltensweisen
Besserwisser		
Nörgler		
Pessimist		
Blender		
Harmonie-bedürftiger		
Choleriker		
Macht-mensch		
Narzisst		
Zyniker		

Gefühlsmanagement: Ich sorge selbst für mein Glück

Hand aufs Herz – wer von Ihnen war noch niemals ein schwieriger Zeitgenosse?

In unserem Denken lieben wir es, alles und jeden zu beurteilen. Besonders schnell und bereitwillig befinden wir andere Personen als unangenehm und unausstehlich. So drücken wir relativ rasch unserem Gegenüber einen Stempel auf. Dabei verlieren wir aus den Augen, dass unser beurteilendes Denken subjektiv ist. Es ist geprägt von unserer Erziehung, unseren vergangenen Erlebnissen und wie wir diese eingeordnet haben. Deshalb sagt jedes Urteil, das wir über einen anderen Menschen verhängen, immer auch etwas über uns selbst aus.

Wir können bei jeder Betrachtung einer bestimmten Person die Perspektive ändern. Es gibt unterschiedliche Möglichkeiten, dies zu erreichen. Im Folgenden werden Ihnen mit ein paar einfachen psychologischen Modellen und Ansätzen Anregungen vermittelt.

Von der Schuldzuweisung zur Selbstverantwortung

Gerade im Umgang mit schwierigen Situationen geben wir sehr gerne die Schuld für unser Unbehagen anderen.

Wenn wir andere Menschen oder Umstände für unsere Situationen oder unsere Lebenssituation verantwortlich machen oder ihnen die Schuld zuschieben, verweilen wir stets in der Mächtigkeit dieser anderen Menschen. Wir geben damit unsere Eigenmächtigkeit auf. Das Gegenteil von Schuldzuweisungen ist die Übernahme von Verantwortung. Diese beinhaltet die Fähigkeit, aktiv auf Belastungen zu reagieren und nach den eigenen Werten zu handeln.

So wir Selbstverantwortung übernehmen, wird es für uns um ein Vielfaches leichter, mit anderen konstruktiv umzugehen. Selbst wenn wir davon überzeugt sind, selbstverantwortlich zu leben, so verwenden wir dennoch innere Kommentare wie *„Mein Chef blockiert meine Karriere“* oder *„Ich kann leider nicht ins Ausland reisen, weil ich nicht genügend Geld dafür habe“*. Damit werden andere oder die Umstände zur Verantwortung gezogen.

Zielführender ist es, herauszufiltern, weshalb wir uns in welcher Lebenssituation befinden und was die dahinterliegenden Motive oder Gefühle sind. Beispiel: *„Ich habe Angst, mir einen neuen Job zu suchen, weil ich nicht sicher bin, ob ich mich in dem neuen Job wohler fühle als in dem jetzigen.“* Oder: *„Ich werde mir den Wunsch eines Skiurlaubs nicht erfüllen, weil ich Angst habe, nicht ausreichend trainiert dafür zu sein, und mir dann eine Verletzung zuziehen könnte.“*

Selbstverantwortung hat vielfach etwas mit Selbstüberwindung zu tun. Nur wenn wir unsere zugrunde liegenden Unsicherheiten überwinden, fällt es uns leicht, zu dem zu stehen, was gerade ist. Die Überwindung von Unsicherheit erfordert allerdings Disziplin, denn wir müssen uns in einer Art und Weise mit uns selbst konfrontieren, die auch unangenehm ist. Wir müssen uns hinterfragen, weshalb wir noch immer in dem Job verharren, weshalb wir nicht ausreichend trainiert haben und vieles mehr. Bei diesen Überlegungen wird uns bewusst, dass wir nicht fehlerfrei sind. Das ist ein unangenehmes Erleben. Viel angenehmer ist es, den anderen fehlerbehaftet zu sehen.

Wir sollten Selbstverantwortung aber niemals mit Vorwürfen koppeln, denn diese zeigen in die Vergangenheit. Was wir falsch gemacht haben, was wir hätten anders machen sollen ... Selbstverantwortung ist an das Hier und Jetzt und an die Zukunft adressiert. *„Was kann ich tun, um es besser zu machen?“* ist die zentrale Frage.

Wir können uns nicht immer die Umstände, in denen wir uns befinden, aussuchen, aber wir können wählen, wie wir damit umgehen. Der eigentliche Entwicklungsschritt jeder

Situation liegt in der Beantwortung der Frage „*Was kann ich anhand dieser Situation lernen?*“.

Das Sprichwort „Wenn du mit dem Finger auf jemanden zeigst, wird man mit drei Fingern auf dich zurückzeigen“ besagt, dass es immer besser ist, bei sich zu bleiben und nicht die Unvollkommenheit des anderen zu fokussieren.

Achtsamkeit – alles ist jetzt!

Im Kern bedeutet Achtsamkeit, dass wir all dem offen begegnen, was im Moment gerade vor sich geht. Das heißt, wir sind in der Aufmerksamkeit nur in dieser einen Situation. Achtsamkeit ist Aufmerksamkeit, die immer bewusst geschieht und niemals wertend ist. Das heißt, es gibt keinen Vergleich, keine Einordnung, sondern nur die Situation und das, was gerade passiert. In Achtsamkeit werden die Wahrnehmung und die Bewertung getrennt. Entscheidend ist dabei das Bewusstsein, die Dinge so zu sehen, wie sie wirklich sind. Dadurch erhalten wir Klarheit.

Achtsamkeit funktioniert in unterschiedlichen Schritten. Für den Umgang mit schwierigen zwischenmenschlichen Situationen sind die folgenden zielführend:

- *Konzentration:* Die Konzentration oder Aufmerksamkeit richtet sich auf die Situation oder das Geschehen. Dadurch rückt der Rest an Wahrnehmungen in den Hintergrund.
- *Benennen:* Ich benenne oder beschreibe bewusst die Dinge, die ich sehe, höre und empfinde. Bewertungen, Vergleiche, Einordnungen der Situation finden nicht statt.
- *Es geht rein um das objektive Geschehen.* Zum Beispiel: *Ich sehe, dass mein Gegenüber sehr aufgeregt und aufgebracht ist. Ich höre, dass sich die Stimme meines Gegenübers erhoben hat und er mit lautem Tonfall auf mich einschreit.*

- *Akzeptanz:* Ich akzeptiere das, was gerade vor sich geht. Innere Widerstände lösche ich aus. Zum Beispiel: *Ich akzeptiere, dass mein Gegenüber gerade sehr aufgebracht ist und gegen mich vorgeht. Ich verwehre mich nicht dagegen.*
- *Einfühlung:* Ich erspüre, was in mir vorgeht, ohne es zu bewerten. Beispiel: *Ich bemerke meine Angst, ich spüre, dass meine Knie schlottern, ich fühle mich beleidigt, ich fühle mich gekränkt.*

Sobald ich die Möglichkeit habe zu erkennen, was in mir abläuft, erziele ich eine Lösungsmöglichkeit. Ich überlege, wie ich auf die Situation reagieren möchte. Ziel ist es stets zu deeskalieren und eine Situation entweder zu neutralisieren oder ins Positive zu rücken. Ich frage, mit welcher Reaktion ich mein Ziel erreichen kann.

Um trotz intensiver Selbstreaktionen wie oben genannt (Knieschlottern, Ärger) nicht in impulsive Verhaltensmuster zu schlittern, ist es sinnvoll, sich von der Situation zu distanzieren. Eine Distanzierungsstrategie ist die sogenannte Balkon-Strategie, bei der Sie sich wie von einem Theaterbalkon aus betrachten, mit dem Blick auf eine Bühne. (Diese Methode ist im Kapitel „Verarbeitung emotionaler Angriffe und Verletzungen“ beschrieben.)

Loslassen und Vertrauen

In Situationen, in denen unsere Erwartungen oder Pläne nicht erfüllt werden, neigen wir dazu, diese Situationen zu kontrollieren oder dagegen anzukämpfen. Unsere Fähigkeit, das Leben mit Gelassenheit zu besetzen, steht immer in Abhängigkeit zu unserem Vertrauen, dass uns im Allgemeinen im Leben Gutes passiert. Je besser das Vertrauen ausgebildet ist, desto besser können wir Zufriedenheit im Leben finden. Negative Erfahrungen aus der Vergangenheit werden dann losgelassen und unsere Zukunftsängste halten sich im Zaum.

Menschen neigen leider dazu, negativen Erlebnissen aus der Vergangenheit anzuhaften und diese mit Bitterkeit und Missgunst zu verbinden. Daraus entstehen viele Beschuldigungen und damit verbundene Konflikte. Vertrauen bedeutet nicht, dass wir glauben, dass keine Herausforderungen oder schmerzhafte Erfahrungen im Leben auf uns zukommen, sondern es bedeutet, dass wir in unsere Fähigkeit vertrauen, mit den Herausforderungen gut zurechtzukommen.

In jeder Situation mit anderen Personen können wir wählen, zwischen Verunsicherung und Vertrauen. Das Vertrauen in sich selbst, gut auf sich zu schauen, gibt uns die Stärke, einen guten Umgang mit schwierigen Situationen zu leben.

Erwartungen können Unzufriedenheit bringen

Wir neigen dazu, immer sehr hohe Erwartungen in Bezug auf das, was sein sollte, und das, was nicht sein sollte, zu haben. Durch diese Erwartungshaltungen verlieren wir oft unsere Akzeptanz, da nicht erfüllte Erwartungen uns in eine Unzufriedenheit bringen. Diese nimmt uns maximale Energie und stiehlt uns die Möglichkeit, Chancen des gegenwärtigen Moments zu erkennen. Wahrscheinlich ist der einfachste Weg, in eine innere Haltung von Akzeptanz zu gehen, indem wir in die Perspektive und das Erleben anderer Menschen schlüpfen.

Respekt – für jeden

Der beste Weg zum Respektieren anderer Personen führt über das Zuhören. Wenn wir anderen wirklich zuhören, sind wir in der Lage, in ihrem individuellen Rahmen und in ihren individuellen Denkweisen die Situation zu betrachten. Wenn wir uns jemandem gegenüber respektvoll verhalten, ist die Wahrscheinlichkeit sehr groß, dass wir Respekt zurückbekommen. Dafür ist es nicht notwendig, diese Person zu mögen. Wir benötigen nur eine bewusste Entscheidung, jede Person mit Würde zu behandeln, auch wenn dies oft sehr schwierig für uns ist. Drei spezielle Verhaltensweisen können uns helfen, unsere innere Haltung auf Respekt auszurichten:

- Schlüpfen Sie in die Schuhe des anderen, das heißt, versuchen Sie aus seiner Perspektive heraus zu denken und zu fühlen.
- Erweitern Sie Ihre Haltung damit, anderen stets respektvoll zu begegnen.
- Akzeptieren Sie auch jene Menschen, von denen Sie abgelehnt oder attackiert wurden.

Durch das Einfühlen in die andere Person erkennen wir auch unausgesprochene Gedanken und Gefühle. Wir erfassen den Menschen hinter dem Inhalt. Wir können uns dann folgende Fragen stellen:

- Wie schaut die Welt betrachtet aus den Augen meines Gegenübers aus?
- Wie fühlt sich das Leben für diese Person an?
- Wenn ich das Leben dieser Person geführt hätte, wie würde ich handeln oder reagieren?

Wenn ich ehrlich und ausführlich mein Gegenüber und sein Leben verstanden habe, inklusive seiner Ziele, ist es für mich um ein Vielfaches einfacher, in ein konstruktives Miteinander zu gehen.

Wenn wir uns angegriffen fühlen, haben wir meistens das Gefühl, dass unsere Bedürfnisse und Interessen ignoriert werden. Deshalb reagieren wir ebenso mit Ablehnung. Dies ist allerdings das Gegenteil eines konstruktiven Miteinanders. Das bedeutet immer negative Gefühle. Negative Gefühle wiederum führen meist zu Konflikten.

In negativen Gefühlen ist es ein ganz natürliches menschliches Bedürfnis, eine Schutzmauer zwischen uns und den Personen, von denen wir uns attackiert fühlen, aufzubauen. Wenn wir allerdings stets zurück attackieren, fördern wir einen Kreislauf von Geringschätzung.

Eine sinnvolle Strategie ist eine Art psychologisches Jiu-Jitsu (japanische, waffenlose Kampfkunst). Das bedeutet, wenn wir abgelehnt werden, handeln wir gegenteilig von dem, was der andere erwartet oder glaubt, dass wir tun werden. Wir überraschen den Widersacher mit Respekt, anstatt ihn zurück abzulehnen.

Geben und Nehmen

Geben bildet das Herzstück einer Kooperation. Geben ist zwar ein Verhalten, es setzt aber eine bestimmte Haltung voraus. Viele von uns haben diese Haltung des Gebens in speziellen Situationen, z.B. innerhalb der Familie, im Freundeskreis oder bei nahestehenden Kollegen. Diese Haltung des Gebens und des speziellen Miteinanders ist sehr wertvoll, vor allem in Konfliktsituationen.

Aber gerade in diesen Situationen, wenn die Emotionen hochlaufen, kommen wir in unsere Ängste. In die Ängste, nicht genug zu bekommen, zu gering geschätzt zu werden. Wir sind dann in der Sorge, dass, wenn wir kooperieren, nicht ausreichend für unsere Bedürfnisse gesorgt ist und die andere Seite mit einem Vorteil weggeht.

Die erfolgreichsten und zufriedensten Menschen wurden in Studien überraschenderweise als Geber erkannt. Wichtig dabei ist natürlich, dass es sich um ein intelligentes

Geben handelt. Indem wird achtsam mit jenen umgehen, die nur nehmen. Bei Menschen, die nur nehmen, tut man sich keinen Gefallen mit dem Geben.

Geben ist der Weg zu persönlicher Zufriedenheit – sowohl im Inneren als auch im Außen. Dies bestätigt eine Studie über Verkaufsmitarbeiter. Diejenigen, die auf ein ehrliches Geschäft aus waren, waren erfolgreicher als diejenigen, deren Priorität nur das Geld war.

Um unserer Angst, zu kurz zu kommen, entgegenzuwirken, ist es wichtig, in Selbstfürsorge zu sein. Geben bedeutet nicht zu verlieren, sondern stets darauf zu achten, dass es nicht nur um eigene Interessen oder die Interessen des Gegenübers geht, sondern um eine konstruktive Lösung. Aus unbefriedigenden Konfliktsituationen bleibt uns meist ein schaler Nachgeschmack, der nicht aufgelöst werden kann. Echtes Geben bedeutet, dass wir etwas geben, ohne etwas zurückzuerwarten. Interessanterweise lässt sich beobachten, dass daraufhin sehr viel zurückgebracht wird. Natürlich müssen wir in diesem Kreislauf darauf achten, nicht ausgenutzt zu werden und unsere eigenen Grenzen einzuhalten.

Wir erscheinen uns zwar manchmal sehr bedeutungslos, aber jeder von uns kann einen Unterschied im Leben von anderen Menschen bewirken. Deshalb ist es sinnvoll, gerade in Konfliktsituationen zu beachten, was wir den anderen mitgeben können.

Je größer unsere Fähigkeit ist, mit uns selbst in Einklang zu leben und auf unsere Bedürfnisse zu achten, desto größer ist unsere Fähigkeit, im Einklang mit anderen zu sein. Unabhängig davon, wie sich diese gebärden.

Im Einklang mit uns selbst zu sein hilft uns, Konflikte vorzubeugen und zu klären. Es gibt uns die Fähigkeit, nicht zu reagieren, ruhig zu bleiben und Provokationen und persönlichen Attacken aus dem Weg zu gehen.

Resilienz: Kraftphänomen in schwierigen Situationen

Als Resilienz wird eine psychische Widerstandskraft bezeichnet, durch welche Schwierigkeiten, Herausforderungen oder Krisen positiv bewältigt werden können. Eine Fähigkeit, die gerade im Umgang mit schwierigen Menschen sehr hilfreich ist. Das Gegenteil von Resilienz ist Verwundbarkeit.

Der Begriff Resilienz wird in unserer Zeit immer häufiger verwendet und erhält zunehmende Bedeutung. Früher wurde der Begriff Resilienz mit einer speziellen Persönlichkeitseigenschaft gleichgesetzt. Jener Eigenschaft, die es Personen ermöglichte, unter extremen Bedingungen ihre Zufriedenheit und psychische Gesundheit zu erhalten. Heute wird der Begriff auch für Menschen verwendet, die mit situativen Belastungen in angemessener Weise umgehen können. Resiliente Personen kennzeichnet, dass sie nicht auf Glück oder Zufall vertrauen, sondern die Dinge selbst in die Hand nehmen. Sie ergreifen alle Möglichkeiten, die sich ihnen bieten, und haben eine ausgeprägte Kontrollüberzeugung. Sie sind davon überzeugt, dass das Auftreten von bestimmten Ereignissen zum Teil der Kontrolle des Individuums unterliegt. Resilienz wird vom Umfeld geprägt, ist erlernbar und optimierbar.

Oftmals wird Resilienz symbolisch mit dem Bild eines Stehaufmännchens dargestellt, das sich immer wieder aufrichtet, wenn es zu Boden geworfen wurde. Er ist überzeugt, in jeder Lage neue Lösungsmöglichkeiten zu finden.

Menschen mit wenig oder gar keiner Resilienz, also mit Verwundbarkeit, bleiben nach einem Sturz am Boden liegen. Enttäuschungen, Krisen oder schwierige Situationen führen bei diesen Menschen zu Gefühlen der Hilflosigkeit und des Ausgeliefertseins. Sie fühlen sich als Opfer. Innere Kommentare wie *„Da kann man ja sowieso nichts machen“* führen dazu, dass sie eigene Handlungsmöglichkeiten vermindert wahrnehmen. Sie glauben, Situationen nicht lösen zu können.

Resiliente Menschen hingegen konzentrieren sich in ihrer Wahrnehmung stark auf die zur Verfügung stehenden Handlungsmöglichkeiten. Sie suchen so lange nach Unterstützungen und Lösungen, bis sie die Situation bewältigen können. Sie geben niemals auf.

Amerikanische Wissenschaftler haben Resilienz in sieben Faktoren zerlegt und sogenannte Resilienzsäulen definiert. Diese tragen dazu bei, Belastungen oder Veränderungen im Privat- oder Berufsleben besser meistern zu können. Diese Resilienzfaktoren lassen sich ein ganzes Leben lang trainieren und erweitern.

Die sieben Säulen der Resilienz umfassen:

- Optimismus
- Akzeptanz
- Lösungsorientierung
- Verlassen der Opferrolle
- Übernahme von Verantwortung
- Netzwerkorientierung
- Zukunftsplanung

Je ausgeprägter eine Person diese Säulen verinnerlicht hat, desto weniger gerät sie durch äußere Einflüsse oder Situationen ins Wanken. Diese Säulen sind auch altersunabhängig trainierbar beziehungsweise zu erwerben.

Säule Optimismus

Unter Optimismus verstehen wir im Zusammenhang mit Resilienz eine bestimmte Lebensauffassung. Optimisten gehen davon aus, dass in der Welt großteils alles gut und vernünftig ist und sich zum Besseren entwickelt. Sie erwarten, dass ihr Leben mehr positive als negative Erlebnisse bringt und verhalten sich dementsprechend. Das bedeutet nicht, dass Optimisten blauäugig sind. Niederlagen und Rückschläge gehören für sie genauso zum Leben. Sie wissen allerdings, dass schwierige Situationen zeitlich begrenzt sind und dass sie die Kraft haben, diese gut zu überwinden und mitzugestalten.

Optimismus wird als Kern von Resilienz gesehen und als Grundlage für viele Fähigkeiten, die man braucht, um Schwieriges erfolgreich zu gestalten. Diese Fähigkeit verweist darauf, wie wichtig es ist, wie wir Dinge wahrnehmen und welche Gedanken wir uns dazu machen. Optimistisches Denken ist allerdings nicht mit positivem Denken gleichzusetzen. Bei positivem Denken neigen wir oft dazu, uns Dinge schönzureden. Optimismus als Lebensauffassung bedeutet außerdem, eigene Schwächen zu erkennen und sich gegebenenfalls Unterstützung zu holen, wenn man selbst keine Möglichkeit für eine Lösung hat.

Säule Akzeptanz

Um schwierige Situationen zu bewältigen, ist es wichtig, das, was geschehen ist, zu akzeptieren:

„Ja, er hat mich niedergeschrien“,

„Ja, ich wurde in diesem Gespräch über den Tisch gezogen“,

„Ja, die Art und Weise, wie Herr Bergmüller mit mir umgeht, verletzt sehr“.

Wenn wir den eigenen Schmerz über Geschehenes akzeptieren und annehmen, öffnen sich Wege für neue Schritte.

Akzeptanz im Sinne der Resilienz bedeutet, all dem offen zu begegnen, was im gegenwärtigen Moment gerade geschieht. Das heißt nicht, schlechtes Verhalten einfach hinzunehmen, sondern sich nicht dagegen zu verwehren oder in Widerstand zu gehen. Widerstand bedeutet Ablehnung. Wenn wir im Widerstand sind, haben wir all unsere Energie auf den Unmut oder das Leid gelenkt. In diesen Momenten sind wir nicht offen für neue Erfahrungen.

Akzeptieren bedeutet annehmen und ist frei von Resignation. Akzeptanz bezieht sich auch darauf, dass schwierige Situationen oder schwierige Menschen oft ein Schockgefühl in uns auslösen. Sie sagen oder tun Dinge, die uns massiv verunsichern, aushebeln oder die wir nicht einordnen können. Damit das Schockgefühl wieder nachlässt, brauchen wir innere Ruhe und Zeit. Durch den Abstand ist es uns möglich, eine klare Bestandsaufnahme zu machen. In der Akzeptanz begreifen wir, was passiert ist, und beginnen zu überlegen, was wir als Nächstes möchten. Gleichzeitig reflektieren und nehmen wir an, was wir selbst dazu beigetragen haben, um eine Situation zu beeinflussen.

Säule Lösungsorientierung

Üblicherweise benötigen wir nach einer Niederlage einige Zeit, um wieder den Überblick zu gewinnen und distanziert und objektiv festzustellen, welche Verluste eventuell unumgänglich sind. Folgende Fragen helfen, Klarheit zu gewinnen:

- Was sind die möglichen Lösungen für den gegenwärtigen Konflikt?
- Wie bekomme ich (wieder) Einfluss auf den Konfliktverlauf?
- Was sind meine Ziele (Traumziel, Minimalziel)?
- Wie gehe ich mit dem Stress um, der in der Konfliktsituation in mir entsteht?

Bereits der Entschluss, etwas an der eigenen Lage zu verändern, gibt neue Kraft. Je klarer Sie analysieren und bei Bedarf Unterstützung heranziehen, desto schneller und effizienter werden Sie Ihre Ziele erreichen.

Stellen Sie sich detaillierte Analysefragen zur Wahrnehmung der Probleme in der Vergangenheit:

- Wie hat sich das Problem entwickelt?
- Wer hat was zum Verlauf beigetragen?
- Welche bereits bewährten Lösungsstrategien gibt es?

Und ebenso Fragen zu Ihrer Wahrnehmung von Problemen in der Zukunft:

- Welche Probleme können in der Zukunft auftreten?
- Wer oder was ist beteiligt?
- Welche möglichen Lösungen sind anzudenken?
- Muss Unterstützung beigezogen werden?

Säule Opferrolle verlassen

Das klassische Stehaufmännchen-Prinzip: Unabhängig davon, wie heftig es geschubst wird, es schwankt oder fällt um, bleibt aber niemals liegen. Eine Zeit lang sucht es vielleicht wackelnd sein Gleichgewicht, doch irgendwann richtet es sich wieder vollständig auf. Das Gegenteil davon ist das am Boden liegende Opfer, das nicht mehr aus eigener Kraft aufsteht. Ein Opfer fordert weder entsprechende Unterstützung an, noch nimmt es diese an. Um sich zum Aufstehen und Aufrichten zu motivieren, ist unsere innere Überzeugung, fähig zu sein, etwas zu lernen, beziehungsweise in der Lage zu sein, eine bestimmte Anforderung erledigen zu können, notwendig. Das erfordert eine innere Überzeugung, kompetent zu sein.

Wenn wir uns ausreichend befähigt fühlen, Situationen zu lösen, so sind wir motiviert, Neues zu lernen. Innere Kommentare wie *„Du kannst es schaffen"*, *„Hilfe anzufordern und anzunehmen gehört zum Leben"* oder *„Man ist* *niemals zu alt, um etwas dazuzulernen, lebenslanges Lernen ist sinnvoll"* fördern das Aussteigen aus der Opferrolle.

Hilfreich ist es, Personen dabei zu beobachten, wie sie schwierige Aufgaben bewältigen. Eine wesentliche Erfahrung, um die Opferrolle abzulegen, sind Erfolge, die man selbst erlangt hat. Wenn wir selbst erleben, wie wir durch eigene Anstrengungen Ziele und Lösungen erreichen, bewirkt dies, dass wir uns auch in Zukunft für fähig halten, schwierige Aufgaben zu bewältigen.

Säule Verantwortung übernehmen

Zur Bereitschaft, Verantwortung für das eigene Tun zu übernehmen, zählt ebenso die Entscheidung, sich nicht zum Sündenbock zu machen oder machen zu lassen.

Es geht darum, weder die eigene Verantwortung zu leugnen, noch sie für alles blindlings zu übernehmen. Wenn wir bei etwas scheitern, machen viele von uns sich selbst Vorwürfe. Wer sich allerdings auf Dauer mit Selbstvorwürfen das Leben schwermacht, sind keineswegs Menschen, die zwangsläufig bescheiden oder schwach sind. Ganz im Gegenteil verbergen sich dahinter manchmal regelrechte Allmachtsfantasien:

- „Wenn ich richtig gehandelt hätte, wäre das nicht passiert!"
- „Ich hätte das verhindern können!"
- „Ich hätte das kontrollieren können!"

Hinter diesen Überzeugungen steckt ein großer Ich-Bezug. Jeder Mensch ist nur Teil des Ganzen. Wir müssen deshalb hinnehmen, dass unserem Einfluss Grenzen gesetzt sind. Die Lösung liegt in einer inneren Haltung der Bescheidenheit. Wer bescheiden ist, sieht das eigene Leben in enger Verknüpfung mit anderen Menschen und Ereignissen. Wer auf dem Schuldgefühl-Trip ist, ist stets nur mit sich beschäftigt. Deshalb stellen Sie sich die Fragen:

- Was sind meine Anteile an der Situation?
- Welche äußeren Faktoren oder Verhaltensweisen anderer Personen haben eine Rolle gespielt?

Bestimmen Sie klar, wo die jeweiligen Verantwortungen liegen.

Säule Netzwerkorientierung

Ein funktionierendes soziales Netzwerk vermittelt uns das Gefühl des Schutzes und die Sicherheit, einen festen Platz im Leben zu haben. Üblicherweise unterscheiden wir berufliche von privaten Netzwerken. Berufliche Netzwerke entstehen meist durch ein sehr aktives Aufeinanderzugehen, während private Netzwerke sich oft unbeabsichtigt ergeben.

Mit sozialer Stabilität ist emotionale Stabilität verbunden. Gerade in schwierigen Situationen ist es sehr wertvoll, wenn wir uns mit vertrauten Personen beraten und besprechen können.

Das Gefühl von Geborgenheit und Schutz sowie der Vertrauensrahmen, innerhalb dessen wir Schwäche zeigen dürfen, stärken jeden Menschen. Dies nimmt die Einsamkeit, die uns sonst umgeben würde. Achten Sie bei der Auswahl Ihrer Netzwerke gut darauf, wem Sie sich anvertrauen und wer Ihnen beisteht. Früher war es vermehrt die Familie, die Rückzug und Geborgenheit gegeben hat. Heute werden Freunde zur Wahlfamilie, aus der wir Rückhalt ziehen. Zielführend ist es, wenn Geben und Nehmen sich in der Waage halten. Grundsätzlich gilt die Erwartung, in guten Zeiten miteinander Unterhaltung und Geselligkeit zu teilen, in schlechten Beistand und Unterstützung.

Säule Zukunftsplanung

Umsichtige Zukunftsplanungen ermöglichen uns, flexibel zu reagieren und erfolgreich zu bleiben. Zukunftsplanung bedeutet, einen Schritt voraus zu sein, indem wir absehbaren Schwierigkeiten aktiv und rechtzeitig vorbeugen und rechtzeitig Alternativen suchen, Lösungen und bei Bedarf neue Ziele zu entwickeln, auftretende Schwierigkeiten zu analysieren und Stolpersteinen aus dem Weg zu gehen.

Selbst bei exaktester Planung kann immer wieder Unvorhersehbares passieren. Deshalb ist es wichtig, sich in Planungen nicht nur auf eine einzige Lösung oder einen einzigen Weg zu versteifen, sondern mehrere Alternativen miteinzubeziehen.

Nachwort

Ein alter Mann spricht mit seinem Enkelkind: *„In unserem Herzen wohnen zwei Wölfe, die ständig miteinander ringen. Der eine Wolf ist der Hass und der andere Wolf ist die Güte.“* Das Enkelkind fragt neugierig: *„Und welcher Wolf gewinnt?“* Der alte Mann antwortet: *„Der, den du fütterst.“* (Alte indianische Weisheit, Autor unbekannt)

Wir können unsere Lebens- und Situationseinstellung selbst steuern. Erfahrungen können wir positiv, aber auch negativ einordnen oder einfach nur neutral bemerken. Menschen mit Zuversicht und positiver Lebenseinstellung sind weniger anfällig für körperliche und seelische Erkrankungen. Sie haben die Fähigkeit, mit Niederlagen besser umzugehen, und sie wagen immer wieder Neues. Kurz gesagt, sie sind mit ihrem Leben und ihrer Lebensqualität zufriedener.

Wer sein Verhalten und Denken gezielt verändern möchte, sollte sich fragen, wofür oder für wen er sich ändern möchte und wohin er gelangen möchte. Schließlich lassen wir mit jeder Veränderung einen Teil unserer bisherigen Persönlichkeit los. Diese grundsätzliche Frage steht hinter jeder Motivation, sich zu verändern:

- *Ist es eigener innerer Antrieb oder steht dahinter die Erwartung anderer Personen?*

Egal wie die Antwort ausfällt, wir können uns um das Positive bemühen und uns in den Weg dorthin verlieben.

Im Zuge der Veränderung von Gewohnheiten stoßen wir immer wieder auf innere Widerstände und Unbequemlichkeiten. Einfach sich vorzunehmen, sich zu verändern, und zu erwarten, dass alles sofort klappt, ist leider keine Realität. Persönlichkeitsentwicklung ist eine Arbeit. Sie gelingt an manchen Tagen besser, an anderen nicht ganz so gut. Wenn Sie beharrlich mit sich selbst bleiben, tolerant Ihren eigenen Fehlern gegenüber und eigenem Misslingen, dann werden

Sie Schritt für Schritt Ihr Ziel erreichen. Regelmäßiges Training macht sich bezahlt. Sie können in diesem Prozess wunderbare Erfolge erleben und spüren, wie gut es sich anfühlt, Wege aus der Eskalation vorzugeben.

Anhang

Danksagung

Sehr viele Menschen haben sich mir auf ihrem Weg zu Selbsterkenntnis und auf ihrem Weg zu einem zufriedenen, zielführenden Miteinander anvertraut. Theorie allein ist immer weit weg von der Praxis. Deshalb möchte ich an dieser Stelle meinen tiefsten Dank all den Menschen aussprechen, die sich mir geöffnet haben und mit denen ich gemeinsam individuelle Lösungswege erarbeiten durfte. Es waren stets spannende, lehrreiche und vor allem zwischenmenschlich sehr erfüllende Begegnungen.

Weiter möchte ich dem Goldegg Verlag für das mir entgegengebrachte Vertrauen danken. Der Verlag ist mit großer Offenheit und Großherzigkeit an mich herangetreten und hat mir die Chance eröffnet, all mein Wissen an die Öffentlichkeit zu bringen.

Auch einen innigen Dank an meine Familie, meine Freunde und Arbeitskollegen, die meine größten Lehrer und Lehrerinnen sind. Durch sie konnte ich Zwischenmenschlichkeit in allen Aspekten erleben und immer wieder neue Erkenntnisse erfahren.

Quellen- und Literaturverzeichnis

Im Folgenden finden Sie eine Auflistung der Literatur und Links aus dem Internet, die wertvolle Inputs für dieses Buch geliefert haben.

Literatur Printmedien

André, Christophe; Lelord, Francois: Der ganz normale Wahnsinn. Vom Umgang mit schwierigen Menschen. Aufbau Taschenbuch. 5. Auflage 2008.

Becker, Irene: Everybody's darling, everybody's Depp. Tappen Sie nicht in die Harmoniefalle. Campus 2005.

Bilinski, Wolfgang: Phönix aus der Asche. Resilienz – wie erfolgreiche Menschen Krisen für sich nutzen. Haufe-Lexware 2010.

Brüggemeier, Beate: Wertschätzende Kommunikation im Business. Wer sich öffnet, kommt weiter! Wie Sie die gewaltfreie Kommunikation im Berufsalltag nutzen. Junfermannsche 2010.

Cerwinka, Gabriele; Schranz, Gabriele: Nervensägen. So zähmen Sie schwierige Mitarbeiter, Chefs und Kunden. Linde 2005.

Cerwinka, Gabriele; Schranz, Gabriele: Wenn der Kunde laut wird. Professioneller Umgang mit Beschwerden. Linde 2009.

Corssen, Jens: Der Selbstentwickler. Das Corssen Seminar. Beust 2004.

Fischer, Roger; Shapiro, Daniel: Erfolgreicher verhandeln mit Gefühl und Verstand. Campus 2007.

Fischer, Roger; William, Ury; Patton, Bruce: Das Havard-Konzept. Der Klassiker der Verhandlungstechnik. Campus 2004.

Geowissen: Zuversicht, die Kraft des positiven Denkens. Nr 55. April 2015.

Girg, Thomas: Der Knigge für den Personenschutz. Mit Stil und Form zum beruflichen Erfolg. Books on Demand 2008.

Härter, Gitte: Nerv nicht. Über den Umgang mit Nervensägen, Rechthabern, Langweilern & Co. Gabal 2010.

Höglinger, August: Grenzen setzen bei Erwachsenen. Höglinger 2002.

Höglinger, August: Zeit haben heißt nein sagen. Mehr Zeit und Lebensqualität durch bessere Selbstorganisation. Höglinger 2000.

Jaeggi, Eva: Zu heilen die verstoßnen Herzen. Rowohlt-TB 1997.

Kahler, Taibi; Capers, Hedges: The Miniscript. Transactional Analysis Journal, 4, 1974.

Kälin, Karl; Müri, Peter: Sich und andere führen. Psychologie für Führungskräfte, Mitarbeiterinnen und Mitarbeiter. Ott 1996.

Knoblauch, Jörg; Hüger, Johannes; Mockler, Markus: Dem Leben Richtung geben. In drei Schritten zu einer selbstbestimmten Zukunft. Wilhelm Heyne. 3. Auflage 2009.

Leck, Thomas: Im Erstkontakt gewinnen. Worum es in Sekunden geht. Springer Gabler 2012.

Mehrabian, Albert: Silent Messages. Wadsworth 1971.

Müller-Thurau, Claus Peter: Bewerberknigge. Haufe. 2. Auflage 2006.

Prost, Winfried: Dialektik. Die Psychologie des Überzeugens. Gabler. 2. Auflage 2008.

Rampe, Micheline: Der R-Faktor. Das Geheimnis unserer inneren Stärke. Books on Demand 2010.

Robertson, Ian: Macht: Wie Erfolge uns verändern. Deutscher Taschenbuch Verlag 2012.

Satir, Virginia in Hardt; Jürgen Mattejat; Fritz Ochs; Matthias Schwarz; Marion Merz; Thomas Müller; Ulrich (Hrsg.): Sehnsucht Familie in der Postmoderne. Eltern und Kinder in Therapie heute. Vandenhoeck & Ruprecht GmbH & Co KG 2010

Schenk-Danzinger, Lotte: Entwicklungspsychologie. ÖBV 2004.

Seligman, Martin: Pessimisten küsst man nicht – Optimismus kann man lernen (Originaltitel: Learned Optimism) Droemer Knaur. 1990.

Tepperwein, Kurt: Die Kraft der positiven Psychologie. Goldmann 2009.

Ury, William: Getting to Yes with yourself. And other Worthy Opponents. Harper One 2015.

Schulz von Thun, Friedemann: Miteinerander Reden 1–4. Störungen und Klärungen. Stile, Werte und Persönlichkeitsentwicklung. Das „innere Team" und situationsgerechte Kommunikation. Fragen und Antworten. Taschenbuchverlag 2014.

Weidner, Jens: Hart, aber unfair. Ein gemeiner Ratgeber für Arbeitnehmer. Campus 2013.

Wellensiek, Sylvia Kéré: Handbuch Resilienz-Training. Widerstandskraft und Flexibilität für Unternehmen und Mitarbeiter. Beltz 2011.

Literatur im Internet

Zum Zeitpunkt des Buchdrucks wurden alle Links überprüft. Die Autorin übernimmt keine Gewähr für die Korrektheit, Relevanz, Aktualität und Qualität der dort aufgeführten Inhalte. Weiterhin haftet die Autorin nicht für Schäden materieller oder ideeller Art, die durch die Nutzung oder Nichtnutzung fehlerhafter oder unvollständiger Informationen der bereitgestellten Dienste verursacht wurden.

http://www.achtsamleben.at/wurzeln

http://arbeitsblaetter-news.stangl-taller.at/macht-korrumpiert/

http://www.at.fem.com/lifestyle/artikel/job-beratung-was-tun-gegen-kraftraeuber-noergler-und-jammerer

http://business24.ch/2014/04/09/der-umgang-mit-negativ-eingestellten-mitarbeitern-im-unternehmen

http://www.cit-consult.de/news/7/92/Persoenlichkeit-und-Aggression-Teil-1-Der-Choleriker.htm

http://community.zeit.de/user/klaus-binding/bei-trag/2010/12/28/der-zyniker-ein-entt%C3%A4uschter-idealist

http://www.cosmiq.de/qa/show/2265448/Wie-entsteht-Har-moniesucht/

http://www.csh-beratung.de/umgang-mit-zynismus

http://empathie-test.de

http://www.empathie-lernen.de/empathie-definition

http://www.faz.net/aktuell/beruf-chance/arbeitswelt/macht-im-berufsleben-spiele-den-deppen-um-die-deppen-zu-ue-berlisten-1353918.html

http://www.faz.net/aktuell/beruf-chance/arbeitswelt/psycho-logie-was-macht-aus-uns-macht-1590134-p2.html

http://www.focus.de/finanzen/karriere/berufsleben/ar-beitsalltag/tid-7690/menschenkenntnis_aid_136077.html

http://www.focus.de/finanzen/karriere/berufsleben/ar-beitsalltag/nervensaegen/typ-1_aid_12957.html

http://www.focus.de/finanzen/karriere/management/tid-16240/konfliktbewaeltigung-warum-choleriker-die-gebo-renen-chefs-sind_aid_455062.html

http://www.focus.de/wissen/mensch/besserwisser/besserwis-ser_aid_23549.html

http://future.arte.tv/de/epigenetik

http://www.geistigenahrung.org/ftopic66065.html

https://gesundheitsmanager.aok.de/interview-umgang-mit-cholerikern-15905.php

http://www.hrweb.at/2011/03/umgang-mit-schwierigen-mit-arbeitern

http://www.huffingtonpost.de/2014/01/17/studie-narzissmus-chefetagen_n_4617839.html

http://www.intem.de/publikationen/blog/index.php/2013/03/19/miesepeter-im-team-was-tun/

http://ivanblatter.com/wp-content/uploads/2012/07/2012–07–12–10-Strategien-um-N%C3%B6rglern-den-Wind-aus-den-Segeln-zu-nehmen.pdf

http://karrierebibel.de/besserwisserei-umgehen-mit-dr-ober-schlau

http://karrierebibel.de/narzissmus
http://www.karriere-einsichten.de/2011/05/karriere-ohne-reue-macht-und-ihre-machthaber/
http://karrierebibel.de/schaumschlaeger-12-tipps-wie-sie-auf-choleriker-reagieren/
http://www.krise-als-entwicklungschance.de/seite-10.html
http://lexikon.stangl.eu/1535/selbstwirksamkeit-selbstwirksamkeitserwartung/
http://lexikon.stangl.eu/3680/territorialverhalten
http://news.unl.edu/newsrooms/unltoday/article/study-examines-link-between-narcissism-leadership-quality
http://www.psychosoziale-gesundheit.net/seele/narzissmus.html
http://www.psychotipps.com/noergler-noergeln.html
http://www.report-psychologie.de/achtsamkeit/fuenf-elemente-zirkel-der-achtsamkeit-konzentration
http://www.rp-online.de/leben/beruf/karriere/sieben-echt-nervige-buero-typen-aid-1.4421085
http://www.stuttgarter-zeitung.de/inhalt.psychologie-die-droge-der-macht.22f08062-d020–4024–9608–9d98685f5126.html
http://www.spiegel.de/unispiegel/jobundberuf/gruppen-typologie-die-luege-vom-teamgeist-a-529009–6.html
http://www.tagesspiegel.de/wirtschaft/die-lieben-kollegen-willkommen-im-club/10888610.html
http://www.tagesspiegel.de/wissen/psychologie-ausbruch-eines-urgefuehls/7622970.html
http://www.trainertreffen.de/sec-sites/mitglieder/tkb-archiv/0506_methoden_jutta_kreyenberg.pdf
http://www.train-the-trainer-seminar.de/monatstipps/macht.html
http://umgang-mit-narzissten.de
http://www.umsetzungsberatung.de/psychologie/zyniker.php
http://www.welt.de/gesundheit/psychologie/article138232745/Wie-Eltern-aus-ihren-Kindern-Narzissten-machen.html
http://wortwuchs.net/zynismus

http://www.zeit.de/2012/34/C-Beruf-Coach-positiver-Denken-Picasso
http://www.zeitblueten.com/news/umgang-choleriker/
http://www.zeitzuleben.de/14595-ueber-den-umgang-mit-besserwissern
http://www.zeitzuleben.de/2316-glaubenssatze-nur-weil-sie-etwas-glauben-muss-es-nicht-auch-wahr-sein
http://www.zeitzuleben.de/28169-wie-sie-mit-negativen-menschen-umgehen-ohne-selbst-negativ-zu-werden
http://www.zienterra-akademie.de/umgang-mit-verschiedenen-gesprachspartner-typen/
https://3c.web.de/mail/client/dereferrer?redirectUrl=http%3A%2F%2Fde.wikihow.com%2FUmgang-mit-negativen-Personen
https://3c.web.de/mail/client/dereferrer?redirectUrl=http%3A%2F%2Fwww.faz.net%2Faktuell%2Fwissen%2Fmensch-gene%2Fgrundkurs-in-soziobiologie-15-angeberei-als-hochkultur-1383549.html
https://3c.web.de/mail/client/dereferrer?redirectUrl=http%3A%2F%2Fwww.stupidedia.org%2Fstupi%2FAngeber

Über die Autorin

Evelyn Summhammer, Wirtschaftspsychologin, Coach, Autorin und Rednerin, ist eine Expertin für zwischenmenschliche Dynamiken, menschenorientierte Unternehmensentwicklungen und Change Prozesse. Die zertifizierte Psychotherapeutin ist seit über 25 Jahren auf Persönlichkeitsentwicklung und Stärkung von menschlichen Potenzialen spezialisiert. Ihr langjähriges psychologisches und diagnostisches Hintergrundwissen verbunden mit vielfältigem Erfahrungswissen ermöglicht prägnantes Erkennen von zielführenden und praxistauglichen Maßnahmen.

Evelyn Summhammer begeistert in ihren Beratungen, Seminaren und Vorträgen mit der Vermittlung von gelebtem Erfolgswissen. Sie versteht es, Menschen ein Bild zu vermitteln, das Lust auf die Entwicklung der eigenen Persönlichkeit macht. Der Erfolg ihrer Maßnahmen hat sie zu mehreren Auszeichnungen geführt.

Katrin Zita

Die Kunst, allein zu reisen

... und bei sich selbst anzukommen

Warum muss Selbstfindung immer so anstrengend sein? Kann man etwas Besseres dafür tun als wöchentliche Therapiesitzungen oder den x-ten Workshop am Wochenende zu besuchen? Wie wäre es mit Alleinreisen?

Katrin Zita geht seit mehr als zehn Jahren gern und oft mit sich selbst auf Reisen und sammelte Eindrücke in über 50 Ländern. Sie durchbricht das Klischee, wonach Alleinreisende einsam sind und zeigt, wie das Alleinreisen an die unterschiedlichsten Orte dieser Welt mit Leichtigkeit und Lebensfreude möglich ist.

Hardcover 208 Seiten
Format 13,5x21,5cm
ISBN: 978-3-902903-85-3

Preis: 19,95 €

Bestellen Sie unter +43 (0) 1 505 43 76-30 oder per Fax: +43 (0) 1 505 43 76-20 oder unter verlag@goldegg-verlag.com